AF659810

*अजीत भारती कृत*

# बकर पुराण

(बैचलर व्यंग्य)

# बकर पुराण

अजीत भारती

हिन्द युग्म

ISBN : 978-93-84419-37-0

प्रकाशक:
हिंद युग्म
सी-31, सेक्टर-20, नोएडा (उ.प्र.)-201301
फ़ोन- +91-120-4374046

**मुद्रक :** मनीपाल टेक्नोलॉजीज लिमिटेड
**आवरण-चित्र :** तहसीन अख़्तर
**कला-निर्देशन :** विजेन्द्र एस विज

**पहला संस्करण : जनवरी 2016**
**नौवाँ संस्करण : दिसंबर 2023**
**मूल्य : ₹249**

© अजीत भारती

Bakar Puran
*(A collection of satires by Ajeet Bharti)*

Published By
Hind Yugm
C-31, Sector-20, Noida (UP)-201301
Phone : +91-120-4374046
Email : sampadak@hindyugm.com
Website : www.hindyugm.com

**First Edition: Jan 2016**
**Ninth Edition: Dec 2023**
**Price: ₹249**

तमाम दोस्तों के नाम
जिन्होंने दो साल की बेरोज़गारी में
उधार देना बंद नहीं किया...

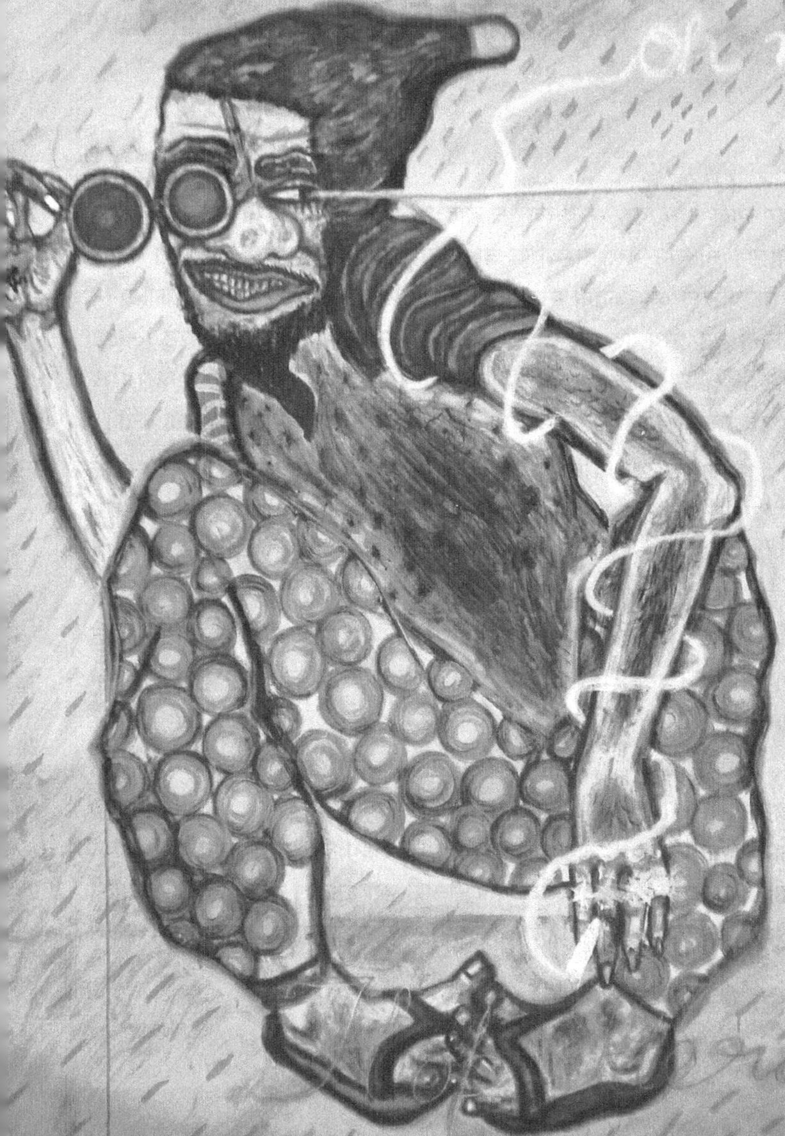

रोहित दलाई

# चार साल बाद भी नंबर एक है 'बकर साहित्य'

चार साल और छह संस्करण के बाद भी एक व्यंग्य विधा की पुस्तक का जागरण-नील्सन जैसी संस्था के बेस्टसेलर लिस्ट में लगातार बने रहना बताता है कि पाठकों का कितना स्नेह इसे मिला है। इस कारण एक लेखक का अपने पाठकों को धन्यवाद कहना आवश्यक है। सोशल मीडिया पर पोस्ट लिखते रहने और फिर पाठकों द्वारा उकसाए जाने पर, मनीष (उर्फ़ कर्नल) जैसे मित्र से उधार लेकर इस किताब की पाँच सौ प्रतियों को छापने की योजना बनी।

सिर्फ़ पाँच सौ प्रतियाँ ही इस कारण क्योंकि प्रकाशन ने ईमानदारी से हमें बताया कि उन्हें इस नई विधा (बैचलर के जीवन पर संस्मरणात्मक व्यंग्य या 'बकर साहित्य') के पाठकों की प्रतिक्रिया का पूर्व अनुभव नहीं है, अतः शुरुआत कम प्रतियों से की जाए। लेकिन, दिसंबर 2015 में, पाठकों ने सिर्फ़ नौ दिनों के अंदर हज़ार प्रतियों की प्रीबुकिंग की, और हमें यह लगा कि हमने सही जोख़िम उठाया। उसके बाद लगातार पुस्तक बिकती रही, और हिंदी के व्यंग्य में अमूमन पहले स्थान पर बनी रही।

ये किताब मेरी पहली किताब थी, जिसके बाद 'हिन्द युग्म' से ही 'घरवापसी' नामक लघु-उपन्यास छपकर आया। 'घरवापसी' उन विस्थापित लोगों की कहानी है जो बेहतर भविष्य के लक्ष्य का पीछा करते हुए, अपने समाज से दूर होने के बावजूद, वहाँ से पूरी तरह निकल नहीं पाते। यह कहानी बिहार-उत्तर प्रदेश आदि के गाँवों, छोटे शहरों से शिक्षा और नौकरी की तलाश

में निकले युवाओं के आंतरिक और बाह्य संघर्ष की कहानी है।

इसके बाद अँग्रेज़ी में कहानियों का एक संग्रह 'There Will Be No Love' आया जिसमें मानवीय संवेदनाओं और उसके भीतरी भावों की विभीषिका, संघर्ष, अंतर्द्वंद्व की नौ कहानियाँ हैं। वहाँ मानव के सामाजिक अलगाव, आत्महत्या, यौन अपराध और घृणाजन्य परिस्थितियों की कहानियाँ हैं।

'बकर पुराण' ने एक लेखक के तौर पर, समाज को एक साथ दो स्तर पर उतारने की क्षमता दिखाई। सतही तौर पर यह एक हास्य और विनोद से भरे क़िस्सों की पुस्तक है, लेकिन भीतर उतरने पर आपको ग्रामीण परिवेश या छोटे शहरों से आए नवयुवकों और नवयुवतियों के 'कल्चरल शॉक' और दिल्ली जैसे शहरों की स्याह सच्चाइयों से आपका साक्षात्कार करवाता है। यह आपको दिखाता है कि लोग कितने बौने हैं जिन्हें व्रत भी करना है और पिज़्ज़ा भी खाना है! दिल्ली में ये दोनों बातें संभव हैं।

शुरुआत में फ़ेसबुक की जनता को देखकर लगा था कि यह युवाओं को ही पसंद आएगी क्योंकि वे अपने-आपको इसकी कहानियों में पाएँगे। लेकिन कई पाठकों ने बताया कि 'बकर पुराण' आज के दौर में भी बिना अश्लील हुए जिस तरह का व्यंग्य कर पा रहा है, उसे हमसे एक पीढ़ी ऊपर के लोग भी पढ़ रहे हैं। मेरे मित्रों की माताजी, पिताजी ने मुझे इसके बारे में बताया और कहा कि उन्हें उनके बच्चों के जीवन की एक झलक मिली। साथ ही, उन्होंने यह भी कहा कि उनकी युवावस्था की याद भी इस पुस्तक के सहारे लौट आई।

इस पुस्तक के बाद एक लेखक के तौर पर बेहतर ही हुआ हूँ। लोगों की प्रतिक्रियाएँ मिलती रही हैं। कुछ लोगों ने कहा कि वाहियात किताब है, जिसका मैं खंडन नहीं कर सकता क्योंकि एक ही किताब हर व्यक्ति को अच्छी नहीं लगनी चाहिए। एक ही किताब मानी जानी चाहिए, इसके कारण वैसे भी विश्व में बहुत आतंक मचा हुआ है। इसलिए बहुतों को बकवास लगी हो, तो उनका आभार। मैं आप लोगों के पैसे तो वापस नहीं कर सकता, लेकिन आप उसे किसी और को पढ़ने दे दीजिए, क्या पता उसे अच्छी लग जाए!

# बकर साहित्य : हिंदी साहित्य में एक नई विधा

ये एक साहित्य है जिसमें अभिजात्यता या सजावटी होने का कोई दवाब नहीं है। न ही हमने कभी नैतिकता की चादर ओढ़ने की कोशिश की है। इस साहित्य का नाम भले ही 'बकर साहित्य' है पर बकवास कुछ भी नहीं। 'बकर साहित्य' हिंदी साहित्य की नई विधा है जो सड़क के पास की चाय के दुकानों, गोलगप्पे के ठेलों, स्कूल-कॉलेज के हॉस्टलों से होते हुए बैचलर लौंडों के उस कमरे पर पहुँचता है जहाँ गालिब है, मोमिन है, ट्रॉटॅवस्की है, आँद्रे ब्रेताँ है और कॉस्मोपॉलिटन का पुराना-सा इशू भी। उस कमरे में कटरीना की तस्वीर भी है और लियोनार्दो के स्फूमेटो अफेक्ट को बताती किताब भी।

उस कमरे में झाड़ू नहीं लगी हो, बर्तन गंदे हों लेकिन चार लौंडे जब साथ बैठकर मदिरा का सेवन कर रहे हों, पाँचवा सिर्फ़ चखना दे रहा हो तो मोदी-ओबामा से लेकर सचिन-गाँगुली, निकॉल्सन-डी नीरो, काफ़्का-कमू, मंटो-प्रसाद, कबीर-नानक तक पर गहन चर्चा हो जाती है। कोई वाहियात तर्क दे तो उसे बताया जाता है कि दोस्ती अपनी जगह पर है, लेकिन तर्क दोयम दर्जे का और वाहियात है।

बकर साहित्य यहाँ साँस लेता है, स्वछंद होकर। यहाँ साहित्यकार नग्न होता है। चाहे वो नशे में हो या होश में, एक एक बात दुनियावी कपड़ों और रंग-बिरंगे चश्मों के परे करता है। यहाँ आलोचना की जगह है। यहाँ आप पूर्व प्रेमिका पर लाँछन नहीं लगा सकते क्योंकि यहाँ साहित्यकार जानता है कि गलती दोनों की होती क्योंकि जब प्रेम किया तब वो अच्छी थी, तो छोड़ने के

बाद ख़राब कैसे हो जाएगी!

ये साहित्य इन जगहों पर हमेशा रहा है। फ़ेसबुक और ब्लॉग के युग में ये इंटरनेट पर कहीं-कहीं दिखता भी रहा पर जिस यत्न से बकर पुराण ने इसे पाला है वो कहीं नहीं दिखता। छोटी-छोटी बातें जिसका हिस्सा सब हैं, करते ज़रूर हैं पर किसी ने कभी लिखा नहीं, वो बातें बकर साहित्य में हैं। अब गर्लफ़्रेंड के साथ चादर ख़रीदने बहुत लोग गए होंगे, लेकिन लिखा किसी ने नहीं।

फ़ोन आता है कि आ जाओ, मुझे शॉपिंग जाना है तो एक बार को सलमान रश्दी साहब भी टाइम निकालकर चले जाएँगे। लेकिन लिखेंगे नहीं। इस शॉपिंग में नहीं जाने के मूड से लेकर, रिक्शे वाले से पाँच रुपये छोड़ने की जिरह, तेज़ चलने का रिक्वेस्ट और फिर सोलह दुकानों में सतहत्तर चादरें देखने के बाद फिर रिक्शे वाले से पाँच रुपये कम कराकर लौटने तक का ब्यौरा किसी मुक्तिबोध, प्रेमचंद या राजेंद्र यादव ने नहीं लिखा।

वो किसी सरस्वती प्रेस से निकले 'हंस' में नहीं आई, किसी कादंबिनी में नहीं दिखी, किसी हजारीप्रसाद द्विवेदी के हास्य-व्यंग्य में नहीं दिखी। क्या गार्सिया मार्क्येज ने प्रेम नहीं किया और मोहतरमा ने शॉपिंग की ज़िद नहीं की होगी? क्यों? क्या एसा हुआ नहीं होगा या ये बहुत ही रोज़मर्रा की बातें हैं?

बकर साहित्य उस रोज़मर्रा को सहेज रहा है। बकर साहित्य उस लौंडे के टूटे दिल का गवाह है जो गर्लफ़्रेंड के भाई-बाप की उपस्थिति में दोस्त को डिलीवरी ब्वॉय का ड्रेस पहनाकर चॉकलेट केक लेकर बारह बजे रात को पहुँचाता है और फिर एक महीने बाद एक एसएमएस के ज़रिए ब्रेकअप की ख़बर पाकर कारण तलाशता रहता है। किसने इस तरह की बात प्यार में नहीं की होगी और किसका दिल नहीं टूटा होगा?

किस लौंडे ने शर्ट एक का, बेल्ट दूसरे का, जैकेट तीसरे का और परफ़्यूम चौथे दोस्त का मारकर पाँचवें से डेबिट कार्ड लेकर प्रपोज़ डे पर अपनी प्रेमिका को कॉफ़ी नहीं पिलाई होगी? क्या हिंदी साहित्य की किसी विधा में इस पर गहन डिटेल में कोई चर्चा हुई? नहीं। इसे कभी डॉक्यूमेन्टेशन के लायक़ नहीं समझा गया? ये साहित्य नहीं 'ट्रिविया' मान लिया गया।

लेकिन इंटरनेट के दौर में, जहाँ हर एक आदमी लेखक है, फ़ोटोग्राफ़र

है, जहाँ एक ही चेहरे पर एक ही तरह से होंठ को मोड़कर मोबाइल से महीने में चौरानवे बार तस्वीर लेकर अपलोड करने पर सौ-दो सौ लोगों द्वारा पसंद की जा रही हो तो वहाँ लोगों को इस तरह की बातें करने और पढ़ने का मौका भी मिलने लगा।

यहाँ तीखा कटाक्ष भी है और सरल, रसमय हास्य भी। यहाँ समसामयिक विषयों पर व्यंग्य भी है और ब्वॉय्ज स्कूल के लौंडों का प्यार जैसे संस्मरण भी। यहाँ बुद्ध और आनंद का संवाद भी है कि 'भगवन् मूव ऑन कैसे करते हैं?' और युद्धिष्ठिर-यक्ष प्रश्नोत्तर भी। यहाँ हर वो चीज़ है जिसे लोग पढ़ना चाहते हैं, जिसे लोग घरों में देखते हैं, सड़कों पर झेलते हैं, और छोटे छोटे 'स्टेटस' या 'पोस्ट' के ज़रिए शेयर करते हैं।

और इसमें कोई दो राय नहीं कि तुलसी और कबीर के समय फ़ेसबुक, ट्वीटर होता तो दोहे ट्वीट करके कबीर जी इंटरनेट लूट लेते और तुलसी की पेज़ पर 'होईहैं वही जे राम रचि राखा, को करि तर्क बढावहिं साखा' दिखता। शेक्सपीयर अपने नाटकों का कोई अंश डालता जहाँ इयागो अपनी विषैली बुद्धि से ओथेलो को निपटाने की चाल बना रहा होता, नीत्शे उबरमेन्च की परिकल्पना पर दोस्तों के राय लेता और लियोनार्दो मोनालिसा की तस्वीर डालकर रो रहा होता कि इस पर लाइक नहीं आते और उसकी महिला मित्र के पाउट वाले सेल्फ़ी पर सत्रह मिनट में तीन सौ लाइक आ गए!

ऐसी बातों को एक जगह पर रखकर, फ़ेसबुक पर के पाठकों की माँग पर मैंने इसे एक पुस्तक का रूप देने का निर्णय लिया और उसके बाद की कहानी आप लोगों के सामने है।

बहुत-बहुत आभार!

ट्विटर- @ajeetbharti और @tilaiyan

फ़ेसबुक- facebook.com/AjeetBh

फ़ेसबुक पेज- facebook.com/ajeetbharti.page

वेबसाइट- www.ajeetbharti.com

ईमेल- ajeetbharti@hotmail.com

# पन्ना-ए-बकैती

# आम आदमी जब सिनेमा जाता है

जेएनयू के तमाम फ़र्ज़ी इंटेलेक्चुअल लोगों के हितार्थ पहले ये डिसाइड कर लिया जाए कि ये आम आदमी है कौन। नहीं करोगे तो मज़ाल है कि उनका 'क्रिटिकल इवेलुएशन' मेन मुद्दे पर आ जाए। सवाल ही नहीं उठता। सिनेमा तो मान लेंगे कि क्या है जब एक लाइन में कह दो कि सिनेमा हॉल में प्रोजेक्टर की मदद से पर्दे पर कुछ दिखाया जाए उसको मोटा-मोटी सिनेमा मान लेते हैं। लेकिन आम आदमी पर बहुत चर्चा चाहिए।

बाक़ी केजरीवाल ब्रीड का आम आदमी आने से उलझन बढ़ गई है। ये लोग विचित्र दायरे में हैं। उसका दायरा या तो आम लोगों के दायरे से बाहर हो गया है या फिर दायरा काफ़ी विस्तृत हो गया है। जेएनयू वाले छटपटाएँ नहीं। हम बहुत कुछ लिखेंगे जिसे पकड़कर आप हमारी बखिया उधेड़ सकते हैं। सबको मौक़ा दिया है, सबको मौक़ा देते हैं।

हाँ, तो ये आम आदमी कौन है। भीड़ में से कोई भी चेहरा उठा लीजिए।

पकड़ लिए क्या आप? ही ही ही, अ वेडनसडे का था डायलॉग। आम आदमी की परिभाषा मेरे लिए बहुत महत्वपूर्ण नहीं है। लेकिन जेएनयू वाले को तो जानना है भाई। मुझे पता है, आपको पता है। केजरीवाल को भी पता है कि आम आदमी कौन है, भले वो भर्ती सबको कर रहा है।

आम आदमी बड़ा ही आम-सा होता है। हर जगह मिलता है। ख़ास जगहों पर सकुचाता है। और जो आम आदमी ख़ास जगह पर न सकुचाए वो क़तई आम नहीं है, उसने पहनावा ओढ़ने की कोशिश की है। आम आदमी नॉर्मल लाइफ़ जीता है। पैसे हमेशा कम होते हैं- चाहे पढ़ने के लिए हों, पढ़ाने के लिए हों, सिगरेट के लिए, जैकेट के लिए। कम पैसा होना उसकी सच्ची परिभाषा है।

सादी ज़िंदगी गुज़ारने वाला ज़रूरी नहीं कि आदमी आम है। अंबानी लाख मॉर्निंग जॉगिंग कर लें, एक ही बार खाएँ, न नहाएँ, सड़क पर सोएँ, वो ख़ास ही रहेंगे। आम आदमी की माँ उसे खाने से मना नहीं करती। उसके लिए वज़न ओबेसिटी नहीं है। उसके लिए वज़न खाने का देह में लगना है।

आम आदमी सिनेमा भी देखता है, दारू भी पीता है, सिगरेट भी पीता है, ट्रेन की थर्ड एसी में भी चढ़ता है। लेकिन चार सौ की टिकट नहीं लेता हमेशा, ओल्ड मोंक सालाना जलसे में शायद लाता है। मार्लबोरो की डिब्बियों में छोटी गोल्ड फ़्लेक लेता है।

आम आदमी निरीह-सा होता है जो किसी को मरता देख इस सोच में भी पड़ता है कि इसे बचाने में, मैं तो नहीं फँस जाऊँगा! और उसकी इस सोच का ज़िम्मेदार कोई ख़ास आदमी है जो उसे फँसा देता है पुलिस के चक्करों में।

देखिए, जेएनयू वाले सैटिस्फ़ाई तो होने से रहे, बाक़ी हमारे लेख का कसाव न निकल जाए उनके चक्कर में। हम सबको पता है आम आदमी कौन हैं। जेएनयू वाले गंगा ढाबा पर सेमिनार करा लें इस पर। ख़ैर छोड़िए, मुद्दे पर आते हैं।

आम आदमी कई काम करता है जिसमें से एक है सिनेमा देखना। अगर गर्लफ़्रेंड का चक्कर न हो तो ये सिंगल स्क्रीन में पचहत्तर रुपये वाली टिकट लेता है (हम दिल्ली की बात कर रहे हैं, बिहार में ज़्यादा जनता आम ही है और

वहाँ मल्टीप्लेक्स की पहुँच वैसी नहीं है)।

आम आदमी भी इश्क़ करता है और सही तरीक़े से करता है। जैसे-जैसे, जो-जो, सिनेमा में देखता है। वैसे-वैसे, वो-वो चीज़ें वो असल ज़िंदगी में भी करता है। वो पाइप भी चढ़ता है, घुटनों पर बैठकर प्रपोज़ भी करता है। सब करता है भाई, अंडरएस्टिमेट मत कीजिए।

एक दिन, हमेशा की तरह मैं बत्रा सिनेमा गया। मुखर्जीनगर में है। स्टूडेंट एरिया है। मकान मालिकों को छोड़कर जो भी हैं वो या तो पढ़ रहे हैं या माँ-बाप को पढ़ा रहे हैं! हम जैसे भी कुछ हैं जिन्हें यहाँ से निकलने का मन नहीं करता और दोस्त लोग कहते हैं कि लौंडिया का चक्कर है। उनसे गुज़ारिश है कि हमें भी कहीं उनसे मिलवाएँ जिनसे हमारा चक्कर है, आगे तो हम संभाल ही लेंगे।

बत्रा मैं दो कारण से जाता हूँ। कमाता इतना हूँ कि दिल्ली के किसी भी थियेटर में हर फ्राइडे सिनेमा देख सकता हूँ और नाचोज़ खा सकता हूँ। लेकिन ऐसा करता नहीं। पहला कारण है कि सिर्फ़ तेरह सौ मीटर की दूरी पर है सिनेमा हॉल। दूसरा कारण है यहाँ की आम जनता, जो किसी भी फ़िल्म को जीवंत बना देती है।

हमने यहाँ दस सालों में काफ़ी कुछ देखा है। पहले पैसों की क़िल्लत थी इसलिए देखते थे, अब कहीं और मज़ा ही नहीं आता। हमें सभ्य लोगों से बड़ी चिढ़ है। सभ्य लोग ये जताते हैं कि वो सभ्य हैं। वो ये भी जताते हैं कि बाक़ी असभ्य हैं, या बोलचाल की भाषा में कहें तो चूतिए हैं।

हमें ये तो पता है कि हम चूतिए नहीं हैं। क्योंकि सूट पहन लेते हैं तो सभ्य आदमी मुझसे अंग्रेज़ी में बात करने लगता है। राम नाम की गमछी डालने पर मुझे हिंदू समझता है। नीली सोल वाला हवाई चप्पल मुझे गँवार बना देता है, और फटी हुई जींस कूल डूड।

हम क्या हैं किसी ने ना पूछा, न हम बताते हैं। लेकिन चूतिया कौन है ये आपके सामने है। सभ्य बनने की कोशिश की हमने। बड़ा ही हिम्मत का काम है। आधी सभ्यता सैनिक स्कूल ने दे दी। अंग्रेज़ी बोलना सीख गए। काँटा-चम्मच से खाना आ गया। ब्लेज़र भी पहन लेते थे सर्दियों में।

बाक़ी दिल्ली में आ गए और अंग्रेज़ी साहित्य में डिग्री ली तब और भी सभ्य हुए। लेकिन फ़ीलिंग नहीं आई कभी कि सभ्य होने पर लगता कैसा है। आम आदमी आमतौर पर असभ्य ही होता है। उसे न मैनर्स पता होते हैं न ही कभी फ़ॉलो करता है। हमारी असभ्यता पर हमारी एक महिला मित्र ने काफ़ी ग़ौर किया और धीरे-धीरे सॉरी, थैंक्यू कहना सिखाया।

हमारा तो ऐसा था कि कोई कह दे कि भाई अच्छे दिखते हो तो हम कहें कि हमारी माँ का ओवा और बाप के स्पर्म का कमाल है। हमारा कोई हाथ नहीं इसमें। किसी ने कह दिया कि लिखते अच्छा हो तो हम कह दें कि हमें पता है। गर्लफ्रेंड लोग ग़ौर करती हैं इस बात पर। लेकिन हमने गर्लफ्रेंड के ग़ौर करने पर ग़ौर नहीं किया कभी।

फिर हमारी लग गई क्लास। और जब मैडम लोग क्लास लें तो बस सुना कीजिए। बस सुनिए। कुछ भी बोलिएगा तो डाँट पड़ेगी। हम बोल देते थे बीच में। हमें डाँट पड़ती थी। आय हाय, क्या डाँटती थी। कमबख़्त छोड़कर चली गई। वर्ना एक-दो बार तो अभी भी बिना बात के डँटवा ले ख़ुद को।

अच्छा, बत्रा सिनेमा पर आते हैं। आम जनता जो है वो मनोरंजन से प्रेम करती है। उसे मनोरंजन चाहिए। उसे फ़र्क़ नहीं पड़ता कि ज़ोर से हँसेंगी तो मेकअप उखड़ जाएगा। अव्वल तो वो मेकअप करती नहीं, और अगर किया भी तो उसे याद नहीं रहता कि मेकअप में है। सभ्य लोग ये बात हमेशा याद रखते हैं और नापकर हँसते हैं।

आम जनता बत्रा जैसे सिनेमाघरों में अनुभव लेती भी है और देती भी है। ज़रा सोचिए कि स्क्रीन पर कटरीना जैसी बला की ख़ूबसूरत अदाकारा आई और लोगों ने आह तक नहीं भरी। क्यों? बग़ल वाला क्या सोचेगा? साले बग़ल वाले ने पैसे दिए हैं तेरे? ये सभ्य आदमी है। सभ्य आंटी हैं और उनकी बेटी भी सभ्य हो रही है। लौंडे जेनेरली सभ्य नहीं होते। इस पर चर्चा फिर कभी होगी।

अब बताइए भला कि डायरेक्टर क्या सोचेगा ये जानकर कि कटरीना आई और लोग सीरियस हो गए। होता ये है कि आप थोड़ा जॉली मूड में भी हैं लेकिन कटरीना आते ही सतर्क। कहीं कुछ किया तो बीवी या गर्लफ्रेंड,

जो भी है साथ में, उस वक़्त सिर्फ़ लुक देगी। सिर्फ़ लुक इसलिए कि उसे सिनेमाघर की सभ्यता याद है और कटरीना को देखकर उसके हारमोन्स में हलचल नहीं मचती। बाक़ी घर पर क्या होगा इसकी झलक आपको रास्ते भर मिलती रहेगी।

हाँ तो डायरेक्टर ने क्यों, बिना वजह, डिफाइंग एनी लॉजिक, कटरीना को उस सीन में क्यों डाला? आप किसी अच्छी यूनिवर्सिटी से सिनेमा स्टडीज़ पढ़ रहे हों तो आप एक लाइन में इसे बुलशिट क़रार देकर ख़ारिज कर देंगे। आप अपनी जगह पर बिल्कुल सही हैं। पैसे ख़र्च हुए हैं आपके। आपके ऊपर ठप्पा है फ़लाना लाल विश्वविद्यालय का। आप पर कंपल्शन है बुद्धिजीवी होने का, नकार सकने का। आपको साबित करना है कि आपने पढ़ाई की है कि फ़िल्म कैसी बननी चाहिए। डायरेक्टर का क्या, उसने तो बस फ़िल्में बनाई है!

कटरीना जब आती है तब बत्रा में बैठा आम आदमी ये नहीं सोचता कि बग़ल वाला क्या कहेगा, बल्कि वो तो सोचता ही नहीं। वो 'जियो जवानी' का नारा बुलंद करते हुए नाचने लगता है। ये उसका उस दिन का मोक्ष है। कटरीना मोक्षदात्री है। आम असभ्य आदमी बोतलें फेंकता है जो किसी के सर पर गिरती है। लेकिन वो भी इसका बुरा नहीं मानता। बत्रा में पचहत्तर रुपये के टिकट में ये सामाजिकता भी बाँटी जाती है।

आम आदमी की यही पहचान है कि वो 'अगल-बग़ल' से ज़्यादा प्रभावित नहीं होता। अगर 'बैंचो' बोलना है तो बोलेगा। इस शब्द विशेष, जिसका प्रयोग लोग सस्ते रेस्तराँ में मिलने वाले फ्री के प्याज़ की तरह बिना बात के भी करते हैं, का प्रयोग आम जनता अलग-अलग भाव प्रकट करने के लिए करते हैं। ज़्यादा बात नहीं बताएँगे क्योंकि आपको पता है कि एक्साइटमेंट हो, डर हो, ख़ुशी हो... सब में ये शब्द सिर्फ़ टोन के बदलाव से सटीक भाव दर्शा जाता है।

हमारा काफ़ी अनुभव रहा है ऐसे सिनेमाघरों का। हमने अपने मित्र पवन सिंह के साथ रात में, नौ से बारह वाले शो में, आज़ादपुर सब्ज़ीमंडी के पास 'आकाश टॉकीज़' में 'वांटेड' देखी है। और देखा है लोगों को मोबाइल में वही गाना बजाते हुए जो स्क्रीन पर चल रहा है। हवा में मोबाइल लहरा रहे हैं। जनता

जीवित हो चुकी है। ख़ुशी में एक दूसरे को माँ-बहन की गालियाँ दे रही है। चाइनीज़ मोबाइल घनघना और छनछना रहा है। कुर्सी के ऊपर चढ़कर नाच रहे हैं लोग। ये है एन्जॉय करना!

और एन्जॉय नहीं करना क्या है वो भी देखिए : कटरीना 'इश्क़ सवा' पर जलवे काट रही है और जवान लौंडे सभ्यता और महिला मित्रों/बीवियों के चक्कर में ऐसे बैठे हैं मानो आलोक नाथ फिर से किसी बेटी का कन्यादान कर रहे हों। कटरीना फिर से आई और ऐसे मूव मारी कि आय हाय, गोया क़यामत है। और सभ्य जनता न कुछ बोल रही है, न कर रही है लेकिन फ़ील तो पक्का करती होगी। ये तो हंड्रेड परसेंट लिखवा लो। कटरीना के डाँस को लोग फ़ील ना करें ये तो इंद्र भी कहें तो हम न मानें।

बत्रा आइए वापस। बहुत घुमा देते हैं हम। अपना तो दिल ही ऐसा है कि मज़ा आने लगे तो बहुत आगे निकल जाते हैं। ख़ैर, बत्रा पहुँचकर कटवाइए टिकट। टिकट का रेट भी ऐसा कि सभ्य आदमी तो रेट सुनकर ही बोले कि उसे सूट नहीं करता। भला आज के दौर में पचहत्तर याने सेवन्टी फ़ाइव और सौ की टिकट? ये क्या मज़ाक़ है, लेट्स गो शिल्पा, दिस थियेटर लुक्स सो चीप! आई मीन लुक एट द टिकिट्स बेब, अ हंड्रेड बक्स!

आम जनता, सीरियस वाली (नान-सीरियस भी बताते हैं), पचहत्तर का टिकट लेगी। लौंडा खड़ा है खिड़की पर, चार दोस्त घेरे हैं। वही सड़ा हुआ जोक मार रहा है जो पिछले फ्राइडे मारा था। 'भैया, तीन देना, नीचे वाली। चेंज पाँच रुपया? अबे चेंज है किसी के पास? अंकल हर बार तो आते हैं, अगली बार मैनेज कर लेना।'

अंकल नहीं मानते। ये अंकल साले कभी नहीं मानते। इन अंकलों की तो ऐसी की तैसी! मैंने ग़ौर किया है कि ये अंकल लोगों से देश त्रस्त है। मीडिया में देखिए अंकल सब बैठे हैं, नये लड़कों को न लिखने देते हैं न बोलने। राजनीति में अंकलों ने शादी नहीं की, इसीलिए युवा हैं। साला समय पर शादी हो जाती तो पच्चीस साल के तो लौंडे होते इनके। साले युवा नेता! दुकान तो पूरे देश में अंकल ही चलाते हैं। वकालत में देख लीजिए, जब तक आप अंकल न बन जाएँ तब तक अंकल लोग आपको मोलेस्ट (व्यापक अर्थ लें) करते

रहेंगे। प्रो.फ़ेसरी में देख लीजिए, अंकलों ने मठाधीशी के चक्कर में पूरे शिक्षा व्यवस्था की ले रखी है।

साला ये युवा जाए तो जाए कहाँ। जब तक लायक़ रहो अंकल लोग टहलाते रहेंगे। जब सब जोश निकल जाए तो कहेंगे कि आओ, तुम देश के कर्णधार हो। अबे घंटा कर्णधार! साला धार भोथड़ा गई अंकलों के चूतियापों से।

ये कहाँ आ गए? अच्छा बत्रा में टिकट कट रहा था। एक-एक रुपये का सिक्का माँगकर पाँच जमा हुआ और टिकट मिले। वज़न वाली मशीन दिखी। 'करवा ही लेते हैं, एक रुपया बच गया ना।' 'उनहत्तर किलो, आप का.फ़ी कामुक प्रवृत्ति के हैं। आपको शीघ्रपतन की समस्या है।'

'अबे गधे, ये कैसा भविष्य है? साले क्या चूतिया बना रहे हो। लाओ इधर कार्ड।' बाक़ी दो क्या मज़े से हँसते हैं, लुत्.फ़ आ जाता है।

अभी सिनेमा हॉल के बाहर भीड़ जमा हो रही है। आधा घंटा है अभी गेट खुलने में। तब तक क्या करें? गेट पर भीड़ बढ़ने लगती है। सौ-डेढ़ सौ लोग गेट से चिपक जाते हैं, मानो गेट लोहे का नहीं, चुंबक का हो और सबने शहंशाह वाली लोहे की चेन पहनी हुई हो। गेट पकड़कर बिना वजह हो-हल्ला चालू, "अबे खोलो बे, चालू करो!"

भीतर लोग खड़े हैं। उन्हें रोज़ यही झेलना है। कान पक चुके हैं। उन्हें पता है लोग ख़ालीपन में टाइमपास कर रहे हैं। चूँकि बीच में लोहे का ग्रिल है तो आम जनता में जो हरामख़ोर टाइप जनता होती है, वो सोचती है कि कुछ भी बोल लो क्या कर लेगा। इसी भुलाने में वो कह देता है, "गेट खोल.... के" ख़ाली जगह ख़ुद ही भर लीजिए। हम लिखेंगे तो हम पर 'अश्लील' और 'छिछोरा' लेखक होने का ठप्पा लग जाएगा।

हाँ, तो वो हरामख़ोर टाइप वाली जो जनता है गरिया देती है, कि तभी ग्रिल तेज़ी से सरकता है और 'तड़ाक्' से एक तमाशा रसीद हो जाता है और फ़टाक् से वापस बंद। आ हा हा, क्या दृश्य है! आइए कभी बत्रा सिनेमा, रोज़ होता है रात वाले शो में। उस लौंडे को छोड़कर सब हँसते हैं। भीतर वाला आदमी दिल खोलकर, आँखों में चमक लिए हुए हँसता है और बाक़ी लोग का बिना टैक्स दिए मनोरंजन हो रहा होता है।

ऐसे सिनेमाघरों में आप वो सब दृश्य साक्षात् देखेंगे जो डेमोक्रेसी के नाम पर तमाम पार्टियाँ करती हैं। टिकट सबके पास है लेकिन सबको एक ही बार में जाना है। कोई लाइन नहीं है। सब भगवान भरोसे हैं। सबको गेट पर जुट जाना है और खुल के गरियाना है।

कुछ प्रबुद्ध लोग इतनी देर में ही भारत की विदेशनीति और लोक समाज के हित में आम आदमी पार्टी की नई योजनाओं आदि पर चर्चा कर लेते हैं। देश में टैलेंट की कमी नहीं है। निर्दलीय लोग मुख्यमंत्री बन लेते हैं और फिर चार हज़ार करोड़ का तमग़ा चिपका लेते हैं। बिना टैलेंटे के कुछ नहीं होता।

समय होने ही वाला है। लोग पूरा ग्रिल को झोल रहे हैं। ग्रिल भी गरिया रहा है कि एक दिन, एक दिन ऐसा गिरूँगा कि नानी याद आ जाएगी। ग्रिल में दो दरार बना दी जाती है, एंट्री चालू है। लोग पागल हो रहे हैं कि कैसे जान पर खेलकर घुस लें।

हमें याद है कि एक बार जब हमें काले कुत्ते ने काटा था तब हम 'जब तक है जान' देखने चले गए थे। भाई साहब, चप्पल के दोनों फीते तुड़वा कर दाख़िल हुए थे। टिकट से ज़्यादा का हमारा फीता था चप्पल का और वो भी कौन-सी फ़िल्म देखने में गया! इसका मलाल ताउम्र रहेगा।

घुस गए भीतर, वहाँ से फिर एक दौड़ लगती है ऑडिटोरियम के गेट तक पहुँचने के लिए। वहाँ एक चाचाजी होते हैं। हमेशा ठंडा चेहरा लिए। एकदम 'आई डोन्ट गिव अ डैम' टाइप लुक। इनको कुछ नहीं बोलना है। इशारे से काम हो रहा है। सबको पता है कि उसे टिकट देना है, फाड़ के वापस कर देगा।

अब देखिए, यहाँ आम आदमी में भी जो मासूम आम आदमी होता है, वो बेचारा कन्फ़्यूज़ हो जाता है कि भाई अच्छा भला टिकट था फाड़ क्यों दिया। अगर अकेला है तो शायद फिर ख़रीद लाए। नहीं तो बाक़ी दोस्त की गाली सुनेगा और पूरे साल ठिठोली करवाएगा।

ठीक है, मैंने चोरी कर लिया ये जोक! कौन-सा कॉपीराइट है भाई। मेन बात है हँसी आनी चाहिए।

टिकट फड़वा लिए। अब लगाइए आख़िरी दौड़ कुर्सी 'लूटने' की। समझदार पाठक समझ गए होंगे कि ऐसा क्यों होता है। देश में कामचोरी की

ये भी एक मिसाल ही है। टिकट काटनेवाला ये हेडैक नहीं पालता कि इस पर सीट नंबर लिख दें। वैसे भी साला नेता लोग कौन-सा सीट जीत के अपना काम करता है, वो भी लूट रहे हैं, आम जनता भी लूट रही है। ख़ैर, आम जनता तो लुटती भी है। दोनों जगह खेल कुर्सी का ही है।

आराम से बैठ जाइए। पचहत्तर और सौ रुपये के टिकट में लेगस्पेस की बात किए तो बग़ल वाला हँस देगा। और आम आदमी हँसता खुल के है। वो जब हँसेगा तो न सिर्फ़ चेहरा, पर उसकी पूरी बॉडी हँसती है। और अपनी बॉडी तो छोड़िए, अगर ज़्यादा ख़ुश है तो बग़ल वाले को भी झकझोड़ देता है। और ये बिल्कुल भी ज़रूरी नहीं कि बग़ल वाला उसका जानकार हो। ना, बिल्कुल नहीं।

आम आदमी इतने पंगे नहीं लेता कि पहले 'हाय, आइ एम दिस' करके ख़ुद के बारे में एक स्पीच दे फिर जान-पहचान हो, कॉफ़ी हो, 'इट वाज़ नाइस मीटिंग यू'। कट द क्रैप। आम आदमी इन एक्शन, "स्साला, सौ रुपया का टिकट और लेग स्पेस ढूँढ़ रहा है। खी खी खी।" आप भी साथ देने लगेंगे। अच्छा आप कॉफ़ी वाली जनता हैं। फिर आप 'वियर्ड लुक' देंगे और चेहरे पर ये लिखा होगा, "व्हाट द ब्लडी हेल!"

फिर थोड़ा गाली-गलौज होगा हॉल में क्योंकि सिनेमा मेन गेट खुलने के साथ ही चालू कर दिया जाता है। कुछ लोग का पंद्रह मिनट छूट जाता है। अब बवाल मचा हुआ है कि शुरू से चलाओ (माँ-बहन तो मुफ़्त में बाँटी जा रही हैं, ये बार-बार लिखना ग़ैरज़रूरी है)। ये क्या बात हुई। वग़ैरह-वग़ैरह।

प्रोजेक्टर वाला भी खिसियाया हुआ है। लो साले, फिर से चलाएँ? ये लो 'मुकेश हराने' वाला घिनौना कमर्शियल। सब लोग भारत सरकार को गाली देते हैं कि ये क्या घटिया तरीक़ा है धूम्रपान रोकने का! "इतना टार आपको बीमार, बहुत बीमार कर सकता है।"

"तुम्हारे माँ की.... अबे बंद करो ये सरकारी चूतियापा! साला सिनेमा चालू करो।" ये आवाज़ आम आदमी की थी।

धमाकेदार आवाज़ के साथ फ़िल्म का टाइटल आता है, 'जय हो' और आम जनता पागल! सोने पर सुहागा कि शुरूआत ही में आइटम सॉन्ग है। क्लोज़अप

में नारी शरीर के कुछ हिस्सों को दिखाया जा रहा है। आम आदमी खुलकर एन्जॉय कर रहा है। कुछ लोग सीट पर खड़े हो गए हैं। एक ने चिल्लाकर कहा, "अबे फ़िल्म शुरू ही हुई है, कंट्रोल करो!"

ये सब हुआ। साइलेंस है और बीच-बीच में टिपिकल आम आदमी वाली, बग़ल के आदमी को इन्वॉल्व करके हँसने वाली हँसी चल रही है। कि तभी सलमान की एंट्री होती है। थिएटर के दोनों तल्लों पर आम जनता, सौ और पचहत्तर दोनों वाली, कुछ सुनने को तैयार नहीं। सीटी, कम ऑन, माँ-बहन, छा गए। कह-कहकर पाँच मिनट तक नाचती रहेगी।

अब यहाँ आम जनता पर भी थोड़ी-सी सभ्यता की खुजली सौ रुपये के टिकट वालों को होती है। वो हर बात पर नहीं नाचते। हर जोक पर नहीं हँसते। हर मुक्के पर 'और मारो, और मारो' की आवाज़ नहीं लगाते। इन्होंने सभ्यता की फटी चादर ओढ़ी हुई है, "हैं! इसमें कौन-सी नाचने वाली बात थी? पागल बैठे हैं क्या नीचे में लोग?"

ये अभी तक वही थे जिन्होंने टिकट कटाने से दौड़ लगाने तक वही काम किया है जो नीचे वालों ने किया है। लेकिन ऊपर बैठते ही फ़ील में आ गए हैं। ख़ैर, वो कभी और लिखूँगा।

सलमान आता है, लॉजिक एक्ज़िट डोर से निकल लेता है। अकेले डेढ़-दो सौ को निपटा देता है। ये ताक़तवर आम आदमी है। ना, सुपरमैन नहीं है। एवेंजर्स भी नहीं चल रही। 'जय हो' चल रही है और आम आदमी लड़ रहा है। अब, जब सलमान गुंडों को धो रहा होता है तो जनता पूरी तरीक़े से अपने-आपको सलमान समझती है और गुंडों को अपनी धोखेबाज़ प्रेमिका (या प्रेमी, जो भी लागू हो रहा हो), रोज़ गरियाने वाला बाप, निकम्मा औलाद, मकान मालिक, भ्रष्ट मंत्री, विधायक, कुछ भी समझकर पूरा फ़ील में आ जाती है।

और फिर वो जोश आ जाता है कि कार्बन डाइ ऑक्साइड की मात्रा बढ़ने से एसी फ़ेल! लोग जीवंत, फ़िल्म पर्दे से बाहर निकल जाती है। दर्शक इसका हिस्सा हैं अब।

कभी-कभी 'मारो साले को' की इतनी डिमांड होती है कि अगर गुंडे को बाक़ी मल्टीप्लेक्स में दो घूँसे लगे हों तो बत्रा में कम-से-कम तीन ज़रूर

पड़ता होगा। प्राण फूँक देती है जनता। जनता मारपीट के तीन मिनट बाद तक ख़ुश रहती है और आपकी मज़ाल नहीं कि आप सुन लें कि किसने कौन-सा डायलॉग बोला!

यहाँ लोग बस दो ही चीज़ देखने आते हैं, गाना (आइटम सॉन्ग हो तो बेहतर है) और मार-धाड़। जिस फ़िल्म में गाली-गलौज हुई तो आम जनता ऐसे सेलिब्रेट करती है मानो ये फ़िल्म उन्होंने बनाई है और ऑस्कर मिला हो उसे बेस्ट डायलॉग का! कुछ फ़िल्में जिसको मैंने देखा है। वो हैं, इश्किया, ज़िला ग़ाज़ियाबाद, ओंकारा, डेढ़ इश्क़िया इत्यादि। लिस्ट लंबी है, हमें मत छेड़ो। हम रुकते नहीं।

आम आदमी को इस बात से बहुत ज़्यादा मतलब नहीं होता कि फ़िल्म में कहानी है या नहीं। फ़िल्म में हीरो, हिरोइन, आइटम सॉन्ग, और जोशीले दृश्य होने चाहिए। जैसे कि सुनील शेट्टी पता नहीं कहाँ से बीच सड़क पर टैंक (जी, असली वाली) लेकर धमाकेदार री-एंट्री लेते हैं। ये सीन इतना पावरफुल है कि सौ रुपये ख़र्च करने वाली जनता भी खड़े होकर पागलों की तरह तालियाँ बजाती है। मैं ज़्यादा नहीं कहूँगा, पर मुझे भी एक बार विश्वास नहीं हुआ था कि ऐसा हो रहा है।

फ़िल्म ख़त्म होने को आती है। लोग उठ रहे हैं। कोई जाते-जाते लड़ भी लेता है कि तुमने 'मेरी' लड़की पर ताने क्यों मारे। उसका अपना लॉजिक है, "तू रात के शो में लड़की लेकर क्यों आया?" चार हरामख़ोर टाइप के लौंडे (जिसमें से एक गेट पर तमाचा खा चुका है) चिल्ला रहे हैं, "मारो बहनचो को!" उन्हें ये भी नहीं पता क्यों लड़ रहे हैं, क्या बात है। बस वहीं से अपने नपुंसक होने का नमूना दिखाते हुए चिल्लाता रहेगा तब तक जब तक कोई घूरे ना।

लोग बीच-बचाव करते हैं। हाँ भाई, रात के शो में भी सेंसिबल लोग जाते हैं। बात ख़त्म होती है, "क्या यार, दो घंटे के लिए आते हो। आराम से देखो और घर जाओ। लड़ाई-झगड़े में क्या रखा है!"

इस देश का दुर्भाग्य यही है कि सेंसिबल लोग रात का शो देखते हैं और भरी दोपहरी में कुछ लोग भरे बाज़ार में एक नवयुवक को इतना मारते हैं कि

वो मर जाता है। क़सूर यही कि वो अरुणाचल का था। बाल अलग रंग से रंगा हुए था और आम जनता ने उसका मज़ाक़ उड़ाया था।

सब आम आदमी एक जैसे नहीं होते। कुछ को हालात आम बनने पर मजबूर कर देते हैं। कुछ को टोपी–मफ़लर पहनकर आम दिखने का कंपल्शन होता है। आप किस तरह के हैं! आइए कभी बत्रा पर मिलते हैं। टिकट मेरी तरफ़ से।

# सप्रसंग व्याख्या

## जुम्मे की रात है

बहुत ही मशहूर कविता है, 'जुम्मे की रात है, चुम्मे की बात है', जिसे दो कवियों, कुमार और शब्बीर अहमद ने लिखा है। आइए, कुछ पंक्तियों की व्याख्या करते हैं।

*अरे जुम्मे की रात है*
*चुम्मे की बात है*
*अल्लाह बचाए मुझे तेरे वार से*

पहली तीन पंक्तियों से कवि ने साबित कर दिया है कि जब आदमी प्रेम

में होता है तो बस भगवान ही मालिक है। प्रेम, यानी चुम्मे की बात, और ईश्वर को एक साँस में ला देना नायक के शब्द-कौशल्य और सच्चे प्रेम की कहानी कहता है।

नायक बेचैन है और नायिका को उसके किए हुए वादे की याद दिलाता है। हालाँकि यहाँ कवि ने नायिका का पक्ष नहीं रखा है कि क्या उसने सच में ऐसा कोई वादा किया था या फ़र्ज़ी में नायक दुनिया को मूर्ख बना रहा है।

लेकिन जिस इंटेन्सिटी से नायक दो बार कहता है कि जुम्मे की रात है, चुम्मे की बात है तो हम कॉलेरेज़ियन 'विलिंग सस्पेंशन ऑफ़ डिसबिलीफ़' का प्रयोग करते हुए ये मानने को बाध्य हैं कि शायद नायिका ने वादा कर ही दिया हो। नायिकाओं का क्या है वो ऐसे ही कह देती हैं और लौंडे सच मानकर उसकी गली में पहुँच जाते हैं।

ख़ैर, ये मान लिया जा चुका है कि नायिका की तरफ़ से वादा किया गया था। अब दिक़्क़त ये है कि पचास साल के कुँवारे हमारे नायक भगवान से प्रार्थना क्यों कर रहे हैं? और 'वार' से क्या तात्पर्य है? थोड़ा ग़ौर करने पर पता चलता है कि नायक को शायद 'चुंबन' के प्रॉसेस के बारे में पता नहीं है। उसने वादा तो करा लिया है पर उसे पता नहीं कि वहाँ क्या होगा और इसी कारण नायक भगवान, जो कि परमप्रतापी और सर्वशक्तिमान, सर्वव्याप्त हैं, से कहता है कि वही उसकी रक्षा कर सकते हैं।

*आगे की पंक्तियाँ देखते हैं:*
*जाने क्या होना है जाने क्या होना है*
*तेरी जवानी तो जादू है टोना है*
*जलवों में आँधी है आँधी में तूफ़ाँ है*
*करदे न मुझको तबाह*

कवि ने 'जाने क्या होना है' का दो बार प्रयोग कर के ऊपर लिखे वाक्यों को सही साबित किया है कि नायक बेचारा है, उसे पता नहीं है कि जब 'किसिंग डेट' होता है तो क्या-क्या होता है। वह नायिका के यौवन को जादू-टोना कहते हुए कह रहा है कि नायिका के यौवन को देखते ही वो खो जाता है, वो सम्मोहन का शिकार हो जाता है और उसे पता नहीं होता है कि क्या हो रहा

है। जब आपको चीज़ों के होने का कारण पता ना हो तो आप उसे जादू-टोना ही कहेंगे।

वैसे भी निजी अनुभव से कह रहा हूँ कि सच में नायिका का यौवन देखने पर वही होता है जो मूसा के साथ हुआ था। आप बेहोश हो जाते हैं बशर्ते यौवन उस लायक़ हो। पर जब आप प्रेम करते हैं तो फिर सब एक जैसा ही हो जाता है। हर बात सबसे अच्छी, हर अदा बेहतरीन, हर अंग सर्वोत्तम लगता है।

तो नायक आगे शब्दों से खेलते हुए कह रहा है कि नायिका के जलवों में आँधी है यानी कि जब जलवा दिखाती है तो नायक अवाक्और भौंचक रह जाता है मानो आँधी-सी चली हो। जब हर तरफ़ कुछ-न-कुछ होने लगता है और आप सिर्फ़ अनुभव कर पाते हैं कि कुछ हो रहा है, क्या हो रहा वो पता नहीं।

आगे कवि सठिया गया है। 'जलवों में आँधी' है तक तो मैंने जस्टिफ़ाई कर दिया पर 'आँधी में तूफ़ाँ' का क्या मतलब? मतलब निकाल देते हैं फिर। नायक, नायिका के जलवों में इतना खो गया है कि उसके जलवों की गंभीरता, उसकी गहराई बताने के लिए आँधी में तूफ़ान की उपमा देता है। यानी कि आँधी तो तेज़ है ही, अब उस आँधी में फिर से तूफ़ान-गुणा तेज़ी ला दीजिए। समझ रहे हैं बात? ये समझिए कि जलवा बहुत ही बढ़िया है, आँधी-स्क्वायर!

आगे कवि कहता है तुम्हारे जलवों का आधिक्य, उसकी तीव्रता ऐसी है कि मुझे वो तबाह ना कर दे। यहाँ पर तबाही का मतलब 'डिस्ट्रक्शन' से तो है पर 'पॉज़िटिव डिस्ट्रक्शन' है। जैसे भगवान की भक्ति में भक्त ख़ुद के वजूद को मिटा देता है, जैसे रावण ने सर काट कर शिव पर चढ़ा दिया ये जानते हुए कि सर का कटना मौत है। पर अपने इष्ट पर इतना विश्वास है कि वो सबकुछ अर्पण कर देता है।

वैसे ही नायक को ये यक़ीन है कि नायिका के जलवे उसे होश उड़ा सकते हैं, पागल बना सकते हैं पर वो ये भी जानता है कि वही प्रेम उसे नॉर्मल भी करेगा। इसीलिए वो जुम्मे की रात को चुम्मा माँगने निकल पड़ा है।

आगे की पंक्तियाँ देखिए :

सारी की सारी है तू *गोलाबारी*<br>
*के मुश्किल है ख़ुद को बचाना*

*मार ही न डाले मेरी जान निकाले*
*उ.फ अल्लाह बचाए मुझे*
*हाय तेरे प्यार से*
*अरे जुम्मे की रात है चुम्मे की बात है*
*अल्लाह बचाए मुझे तेरे वार से*

यहाँ कवि ने प्रेम के अहसास को कंटम्परेरी ट्रीटमेंट दिया है और आम बोलचाल की भाषा का प्रयोग करते हुए गहरा-सा मैसेज दे दिया है। कवि नायक से कहलवाता है कि नायिका की पूरी पर्सनैलिटी, उसका पूरा व्यक्तित्व ऐसा है कि आदमी तबाह हो जाए। गोलाबारी का प्रयोग करते हुए नायक कहता है कि नायिका लगातार, बिना बचने का समय दिए, अपनी अदाओं, जलवों, लुक्स और तरह-तरह की बातों की बरसात कर रही है।

नायक एक से बचने की कोशिश करता है तब तक तीन अदाएँ और हाज़िर हैं। बेचारा 'वर्जिन' नायक जाए तो कहाँ जाए, करे तो क्या करे? नायक कहता है कि अब बस ऊपरवाला ही उसे बचा सकता है ऐसे प्यार से जो बस जान लेकर ही रुकेगा।

नायक इतने इंटेन्स प्रेम का आदी नहीं है, वो तो बस सीटी मारकर, लड़की की मुस्कान पर ही आज तक दिल फेंकता आया है पर अचानक उसे ऐसा प्रेम मिल गया जो उसे सकारात्मक रूप से बर्बाद करने का माद्दा रखता है तो, परेशान होना लाज़मी है।

यहाँ दोबारा, अपनी सारी बातें करके, नायक नायिका को याद दिलाता है कि 'जुम्मे की रात है, चुम्मे की बात है' और उसकी गली में नाचते हुए आगे बढ़ जाता है।

# दिल की तो लग गई ( नौटंकी साला )

**प्रस्तुत पंक्तियों की सप्रसंग व्याख्या करें: ( 10 )**

*लड़की टकाटक हॉट है*
*टकीला शॉट है*
*दिल की तो लग गई*
*लमरेटा-सी लगे*
*फर्राटे से चले*
*दिल की तो लग गई*

**उत्तर :** उपर्युक्त पंक्तियाँ 'नौटंकी साला' नामक पुस्तक से ली गई हैं जिसकी रचयिता हैं सुश्री कौसर मुनीर।

इन पंक्तियों के शब्दों से ऐसा प्रतीत होता है कि नायक नायिका को बड़ी शिद्दत से देख रहा है (अजी, देख क्या रहा है बाक़ायदा पढ़ रहा है) जबकि नायिका को इसका तनिक भी भान नहीं है। शब्दों के काव्यात्मक होने से ये भी लगता है कि ये या तो नायक का आत्मसंवाद है या फिर अपने किसी नज़दीकी मित्र से उसकी सुंदरता का वर्णन कर रहा है।

कुछ आलोचकों का मानना है कि शब्दों के चयन में कवयित्री 'सड़कछाप' और 'छिछोरी' सुनाई देती है। लेकिन क्या साहित्य समाज के समकालीन नहीं होता? क्या रचनाकार समाज की भावनाओं को आत्मसात नहीं कर सकता? क्या लिखनेवाले का ये उत्तरदायित्व नहीं कि वो समाज की वर्तमान परिस्थितियों का वर्णन मौजूदा भाषा में करे?

ख़ैर, आलोचकों का क्या है, उनका यही धंधा है!

आइए देखें नायक क्या कह रहा है और क्यों कह रहा है। पहली पंक्ति में कवयित्री ने लड़की (नायिका) को 'टकाटक हॉट' कहा है। टकाटक का

व्यापक अर्थ ये है कि नायिका की सुंदरता ऐसी है कि गली के सारे वन-साइडेड लवर्स (एकतरफ़ा प्रेम करने वाले युवक) उसे टकटकी लगाकर देखते ही रह जाते हैं। 'हॉट' का प्रयोग उसकी सुंदरता के दूसरे पक्ष को उजागर करने के लिए किया गया है। कवयित्री समाज के चमड़ी में घुसकर उसके अंतरंग विचारों को शब्दों के ज़रिये हम तक पहुँचा रही है।

अगली पंक्ति में नायिका को 'टकीला शॉट' कहा गया है। यहाँ पर नायिका का व्यवसायीकरण नहीं हुआ है जैसा कि कई आलोचक मानते हैं। ऐसे कैसे चलेगा? कल को हम किसी के होंठों को गुलाब की उपमा दें तो आप उसमें भी व्यवसायीकरण ढूँढ़ लेंगे!

टकीला शॉट से कवयित्री का तात्पर्य है नायिका की 'मादक' अदाओं और मदहोश करने वाले व्यक्तित्व का। कवयित्री ने नायक के मुँह से कहलाया है कि 'हे प्रिय, तुम्हारी एक झलक हम पर वैसा ही जादू करती है जैसा टकीला के शॉट्स!' मतलब नायिका की अदाएँ नायक को एक नशीले आसमान पर भेज देती हैं जिसे अंग्रेज़ी में 'हाई हो जाना' कहते हैं।

आगे कवयित्री कहती है कि ऐसी मादक अदा और कामुक (sexy) व्यक्तित्व को देखकर 'दिल की तो लग गई'। जिसका अगर व्यापक अर्थ लें तो मालूम पड़ता है कि नायक मंत्रमुग्ध होकर ऐसा फ़ील कर रहा है मानो उसे हृदयाघात-सा हुआ हो जिससे उसकी धड़कनें नायिका के दर्शन मात्र से रुक जाती हैं।

फिर कवयित्री नायिका के रूप की तुलना अत्यंत पुराने स्कूटर 'लमरेटा' से करती है। आप यहाँ पर देख सकते हैं कि नायिका की ख़ूबसूरती को कवयित्री 'क्लासिक' की श्रेणी में रख रही है और कहती है कि उसकी सुंदरता और अदाएँ उसी तरह लोगों का ध्यान अपनी ओर खींचती हैं जैसेकि एक पुरानी लमरेटा अपने कलात्मक बनावट और चाल से खींचती है।

अब इसमें किसी को गंदगी और 'सेक्सिज़्म' दिख रहा हो तो भगवान भला करे!

# बेबी डॉल मैं सोने दी

*ये दुनिया, ये दुनिया पीत्तल दी*
*बेबी डॉल मैं सोने दी...*

नायिका अपने-आपको लेकर काफ़ी विश्वस्त है और उसकी इसी अदा के क़ायल हैं वो सारे लोग, जो काले दस्ताने पहनकर गिरती हुई 'बेबी डॉल' को थाम लेते हैं।

अगर कविता की इन्हीं दो पंक्तियों पर ग़ौर करें तो हम पाएँगे कि कवि ने बड़ी ही सहजता से कह दिया है कि ये दुनिया दिखावटी है, इट्स अ फ़किंग फ़ेक वर्ल्ड! कवि नायिका से कहलवाता है कि ये दुनिया पीतल की है।

तात्पर्य यह है कि दुनिया दिखती तो पीली ही है, जैसाकि सोना, पर उसके गुण सोने जैसे नहीं हैं। मतलब कि हर जगह लोग हँसते-मिलते हैं पर वो हँसी खोखली और नक़ली है, उनका दिल नहीं हँसता, वो दिल सोने का नहीं है।

इसमें दो राय नहीं कि जिस नायिका के ऊपर ये कविता फ़िल्माई गई है वो लाजवाब है और सुंदरता की देवी है (ये मेरे अपने विचार हैं, आप चाहें तो ना मानें)। ख़ुद को बेबी डॉल कहती है नायिका।

बेबी भी और डॉल भी। बेबी से तात्पर्य है कि वो दिल से बिल्कुल ही निश्छल और निष्पाप है। वो एक बच्चे की तरह है, निर्दोष, स्नेहिल, कोमल, नाज़ुक और भी ना जाने क्या-क्या।

और डॉल तो आप जानते ही हैं, गुड़िया। गुड़िया से सब खेलते हैं और आजकल तो इन्फ़्लेटेबल भी आती हैं। ख़ैर, वो बिल्कुल अलग विषय है। यहाँ नायिका ख़ुद को बेबी भी कहती है और डॉल भी। कवि उसके भोलेपन, निश्छलता पर ज़ोर दे रहा है।

और अगर इसकी प्रासंगिकता देखें तो ये बात भी है कि प्रेमी-युगल, आशिक़, लवर्स एटसेटरा एक दूसरे को 'बेबी' ही कहते हैं। लड़का, लड़की को और लड़की, लड़के को "बेबी खाया? बेबी सर दर्द है, ये दवाई ले लो, बेबी

मर जाओ ना, बेबी कौन-सी लिप्स्टिक लगाऊँ? वग़ैरह-वग़ैरह..."

तो नायिका कहती है कि शायद ये दुनिया उसके लिए नहीं बनी है क्योंकि इस नक़ली, पीतल की दुनिया में उसके जैसे शुद्ध और पवित्र लोगों की क़द्र नहीं है।

इसीलिए अगर आप ग़ौर से देखें (इस गाने को तो सब ग़ौर से ही देखते हैं) तो आप एक बार नायिका को पिंजरे में नृत्य करता पाएँगे। क्या मतलब है इसका? इसमें प्रतीकात्मक तरीक़े से कवि अपनी बात दिखाता है कि बेबी डॉल के लायक़ अगर दुनिया नहीं है तो वो बाहर नहीं जाएगी बल्कि पिंजरे में ही (जो कि सोने का है) रहेगी। यही उसकी दुनिया है।

पिंजरा ही उसकी दुनिया है जो उसे समझता है, पूर्णता प्रदान करता है, अपनाता है जबकि बाहर की चमकीली दुनिया सस्ती और नक़ली है।

## फ़ेवीकोल से ( दबंग टू )

*अंगड़ाइयाँ लेती हूँ मैं जब ज़ोर-ज़ोर से*
*उ.फ़.फ़.फ़! अंगड़ाइयाँ लेती हूँ मैं जब ज़ोर-ज़ोर से*
*उह्ह अहह की आवाज़ है आती हर ओर से*
*मैं तो चलूँ इस .क़दर*
*के मच जाए ये .ग़दर*
*होश वाले भी मदहोश आएँ रे नज़र*
*मेरे .फ़ोटो को सीने से यार, चिपकाले सैयाँ .फ़ेविकोल से*
*.फ़ेविकोल से.. .फ़ेविकोल से..*
*मैं तो कब से हूँ रेडी-तैयार*
*पटाले सैयाँ मिस-कॉल से*
*मेरे .फ़ोटो को सीने से यार*
*चिपका ले सैय्याँ .फ़ेविकोल से..*

कवि इन पंक्तियों में नायिका की बेचैनी का वर्णन कर रहा है और कहता है कि वो बार-बार और ज़ोर-ज़ोर से अंगडाइयाँ ले रही है और जब वो इस तरह से अपने बदन को ज़ोर-ज़ोर से खींचती है तो हर तर.फ़ से उह और आह की आवाज़ें आती हैं। इससे पता चलता है कि वो एक रिहायशी इला.क़े में रहती है और खिड़कियाँ खोलकर इस तरह की बेचैनी दिखाती है।

आगे अपनी सुंदरता और जलवों का बखान करते हुए नायिका कहती है कि उनकी चाल में तो ऐसा जादू है कि वो जिस ओर भी निकलती हैं एक .ग़दर मच जाता है। और तो और नायिका को ये कहने में ज़रा भी संकोच नहीं है कि उनके कारण कितने ही अच्छे भले लोगों का होश खो जाता है और वो उनके जलवे देख-देखकर मदहोशी की आ.ग़ोश में खो जाते हैं।

इन पंक्तियों के द्वारा कवि उनकी .ख़तरनाक जवानी से हमारी मुला.क़ात करवाते हैं।

अगली पंक्तियों में कवि ने नायिका के द्वारा नायक को एक प्रेम निवेदन करवाया है। नायिका बेचैन होकर ये कह रही हैं कि अगर उन्हें नहीं तो कम-से-कम उनकी तस्वीर को ही नायक अपने सीने में फ़ेविकोल (जो कि बहुत ही उम्दा चिपकाता है और ऐसा चिपकाता है की सीना कट जाए फ़ोटो न उखड़े) से चिपका ले।

इससे ये पता लगता है कि उनका प्यार कितना गहरा और निष्काम है। वो ये समझती है कि फ़ोटो में उनकी आत्मा है और अगर उनका प्रेमी फ़ोटो भी सीने के पास रखेगा तो उन्हें काफ़ी ख़ुशी महसूस होगी। ऐसी निश्छल और स्नेहिल प्रेमिका का आजकल अभाव-सा हो गया है।

आगे नायिका ये भी कहती हैं कि वो उनके इंतज़ार में लंबे समय से तैयार बैठी हुई हैं। वो बस नायक के एक मिस्ड कॉल का इंतज़ार कर रही हैं कि मिस्ड कॉल आएगा और वो दौड़कर अपने प्रेम का निवेदन कर देगी।

ये बात ये साबित करती है कि आज की तारीख़ में भी इतनी शिद्दत से चाहने वाली और पैसों से प्रेम न करने वाली लड़कियाँ हैं जो कि खुल्लम-खुल्ला प्रेमी को कहती है कि कॉल करके पैसे न ख़र्च करे और सिर्फ़ मिस्ड कॉल से एक सिग्नल दे दे, वो समझ जाएगी। ऐसा प्रेम आजकल तो नहीं दिखता जहाँ प्रेमिकाओं का ध्यान अपने प्रेमी के बटुए पर ही होता है।

*प्यार करले तू आज अंगूर की डॉटर से*
*नसीहत भूल जाएगा तू एक क्वार्टर से*
*पीने वाले को भी जीने का मज़ा आएगा*
*यह वो दारू है जो चढ़ जाए सिर्फ़ वॉटर से*

यहाँ पर नायिका के आसपास वाले उसका सहयोग करते दिखते हैं जबकि वो ख़ुद भी उसके दीवाने रह चुके हैं। आज के दौर में तो लोग लड़की के लिए गला काटने को उतारू हैं फिर इस प्रकार का स्नेह कि नायिका को उसकी पसंद का ही लड़का मिले, ऐसा परस्पर स्नेह इस 'कट-थ्रोट कम्पटीशन' के दौर में तो नहीं दिखता।

ख़ैर, नायक अपने सहयोगियों के साथ नायिका की जवानी का वर्णन करते हुए सबसे कहता है कि आ और इस अंगूर की बेटी अर्थात यौवन की रसीली

मल्लिका से इश्क़ फरमा और दावा करता है कि वो लोग सारा 'ज्ञान' सिर्फ़ एक क्वार्टर में भूल जाएँगे। यहाँ क्वार्टर का व्यापक अर्थ ये भी है कि उसकी जवानी की सिर्फ़ एक चौथाई में इतनी शक्ति है कि नायक को मदहोश कर दे।

आगे कवि कहता है कि ये दारू (प्रेमिका की रसीली जवानी) उन्हें ज़िंदगी देती है जो इसे होंठों से लगाकर पीते हैं और इसके लिए किसी भी तरह के 'सहयोग' (अर्थात फ़ोरेप्ले) की ज़रूरत नहीं है, ये अपने-आपमें ही इतनी नशीली है कि बस चढ़ जाती है।

*आजा मेरे राजा, तुझे जन्नत दिखाऊँ मैं*
*बर्फ़ीले पानी में फ़ायर लगाऊँ मैं*

अपने आसपास के दीवानों का इतना प्रेम देखकर नायिका के मन भी प्यार उमड़ता है और वो अपने प्रेमी को पुकारते हुए कहती है कि मेरे प्रिय, तुम बस पास तो आओ, देखो मैं तुम्हें कैसे स्वर्ग का दर्शन करवाती हूँ! बस देखते जाओ कि कैसे मैं तुम्हारे इस ठंढे बर्ताव में भी उफान ला देती हूँ।

नायिका को अपने हुस्न पर पूरा विश्वास है कि वो, प्रेमी चाहे कितना भी 'डिसइंटरेस्टेड' हो उसे वो सारी तरकीबें आती हैं जिससे वो उसे हर तरह के आनंद से अवगत करवा सकती है। ऐसी प्रेमिकाएँ आजकल मिलती कहाँ है! आजकल तो बस मज़े करो और निकल लो का ज़माना है। इस प्रेमिका को मेरा साधुवाद जो कि आजकल के फ़ास्ट टाइम में भी इतना इंतज़ार कर रही है।

*सारे इंडिया..*
*सारे इंडिया को तूने ग़ुलाम किया रे*

प्रेमिका के सपोर्ट में उसके दीवाने उसपर मीठा आरोप भी लगाते हैं कि उसने अपने हुस्न के जादू से सारे भारतवर्ष को ग़ुलाम बना रखा है।

*मैं तो तंदूरी मुर्ग़ी हूँ यार*
*गटका ले सैय्याँ अल्कोहल से.. ओ येआ!*
*मेरे फ़ोटो को सीने से यार, चिपका ले सैयाँ फ़ेविकोल से*

फिर नायिका इस पर कहती है कि वो तो एक तंदूरी मुर्ग़ी है और नायक को खुला आमंत्रण देते हुए ये भी कहती है कि उसे वो अल्कोहल अर्थात नशे के साथ अपने अंदर समाहित कर ले।

व्यापक अर्थ ये है कि नायिका का ख़ुद को तंदूरी कहना इस बात पर ध्यान खींचता है कि उसकी जवानी अपने प्रेमी के इंतज़ार की आग में पूरी तरह से पक चुकी है अर्थात वो पूर्णरूपेण तैयार है नायक के आग़ोश में घुल जाने के लिए। और अगली पंक्तियों में वो फिर नायक को अपने फ़ोटो को सीने में फ़ेविकोल के मज़बूत गोंद से चिपकाने के लिए कहती है।

*लोग कहते हैं मुझे, मैं तो हूँ नमकीन बटर*
*काट दूँगी मैं दिल को, मेरी जवानी है कटर*
*मेरा जलवा जो देख ले, वो फ़ैंट हो जाए*
*क्लोज़ करके तू रख ले अपने नैनों का शटर*

आगे कवि सौंदर्य रस का इस्तेमाल करते हुए नायिका की मदमस्त जवान शरीर का वर्णन करते हुए नायिका से कहलाता है कि उसे लोग नमकीन मक्खन कहते हैं और उसकी नैन इतने तीखे हैं कि वो दिलों को चाक कर देते हैं। नायिका आगे कहती है कि जिस किसी ने भी ग़लती से उसके खिड़की में झाँककर उसका जलवा देख लिया उसके होश उसी वक़्त फ़ाख़्ता हो जाते हैं।

कवि बार-बार इस बात पर ध्यान दिलाता है कि नायिका या तो जलवा करते वक़्त खिड़कियाँ खुला रखती है या उसके घर में खिड़कियाँ हैं ही नहीं। यहाँ पर कवि ने नायिका के जलवे का वर्णन पर्वत पर के जलते तूर से किया है जहाँ ख़ुदा ने अपना नूर दिखाया तो लोग बेहोश हो गए थे। इसीलिए नायिका सचेत करते हुए झाँकने वालों से कहती है कि वो अपनी आँखें बंद ही रखें तो बेहतर है।

*पब्लिक शहर की करे है तेरा वेट रे..*
*अरे ठुम्के जो कमरिया, हिले जिला क्या स्टेट रे..*
*पर कहानी ओह रानी पुरानी है तेरी*
*फिर भी फ़ोटो को..*
*तेरे फ़ोटो को सीने में यार चिपका लूँगा मैं फ़ेविकोल से*

यहाँ पर नायक पूरे शहर की डेस्परेशन की तरफ़ नायिका का ध्यान लाते हुए कहता है कि सारा शहर उसके कमर के जलवे का इंतज़ार कर रहा है जिसमें पूरे जिले और राज्य तक को हिला देने की क्षमता है। नायक ये भी कहता है की

उसने पहले भी ऐसे जलवागरों को देखा है। फिर भी वो नायिका के फ़ोटो को अपने सीने पर फ़ेविकोल से चिपकाने के लिए तैयार हो जाता है।

*माय जिप्सी विथ सायरन तैयार*
*भगा ले इसे पेट्रोल से..*
*पेट्रोल से.. पेट्रोल से..*
*मेरे फ़ोटो को सीने से यार चिपका ले सैयाँ..*
*चिपका ले सैयाँ फ़ेविकोल से*
*फ़ेवी.. फ़ेविकोल से.. फ़ेविकोल से..*

नायिका समझ जाती है कि नायक उसपर मोहित हो चुका है और यही वो वक़्त है जब उसे नायक को सबकुछ छोड़कर अपने साथ ले जाने के लिए कह सकती है। वो नायक को बताती है कि उसकी पूरी तैयारी ज़बरदस्त है और उसने सायरन वाली जिप्सी, जोकि सिर्फ़ पुलिस को मिलती है, का इंतज़ाम कर रखा है।

यहाँ पर कवि ये बताता है कि नायिका काफ़ी समझदार है इसीलिए उसने ऐसी गाड़ी का प्रयोग बेहतर समझा जो बेरोक-टोक कहीं से भी निकल जाए। इस बात से ज्ञात होता है कि नायिका का प्रेम सच्चा है।

*नयन हम लड़ाएँगे बेबी-डॉल से*
*लोंडिया पटाएँगे मिस-कॉल से*
*बैट बॉल से, सिनेमा-हॉल से,*
*अरे मैरिज-हॉल से, ओवरआल से*
*तेरे फ़ोटो को सीने में यार चिपका लूँगा मैं फ़ेविकोल से*

अब जबकि दोनों का मिलन लगभग तय है बाक़ी जनता भी काफ़ी ख़ुश होती है और तरह-तरह के शब्दों का प्रयोग करते हुए अपनी ख़ुशी का इजहार करती है। नायक ख़ुशी में ये स्वीकार करता है कि वो मदमस्त लड़कियों को (जिसे कवि लौंडिया कहता है) मिस्ड कॉल से पटाएगा।

और अंत तक इस बात की पुष्टि कर के कहता है कि वो अपने सीने पर नायिका की तस्वीर फ़ेविकोल से चिपका लेगा। ख़ैर, अब जब दोनों का मेल हो ही गया है तो उसकी ख़ास ज़रूरत है भी नहीं।

*मेरे :फ़ोटो को सीने में यार*
*चिपका ले सैय्याँ..*
*चिपका ले सैयाँ :फेविकोल से..*

यहाँ नायिका ख़ुशी में अपनी पुरानी बात दोहरा रही है जिसका अब कोई मतलब नहीं रह गया है। अब तो दोनों जिप्सी में न जाने कहाँ जाएँगे!

## गर्लफ्रेंड और चादर की ख़रीदारी

आमतौर पर लड़कियों की सारी बातें हमें काफ़ी पसंद हैं, सबको होती हैं। जैसे नज़र झुका के मुस्कुराना, फ़र्ज़ी की डाँट, बुलाकर इंतज़ार करवाना और कहना, "मेरे लिए इतना भी वेट नहीं होता?", लौंडों को बेबी बुलाने पर मजबूर करना (कुछ तो मम्मा कहलवाती हैं अपने आपको, हम भुक्तभोगी हैं और हमारे तीन चार और दोस्त भी), प्यार से किस कर लेना, छुप-छुप के बाथरूम से फ़ोन पर ख़ुद ही बोलकर सुनना, पता चलने पर कि आप बात करने की स्थिति में नहीं हैं तो ज़्यादा कॉल करना, आप वैसा करें तो ब्रेकअप कर लेना...

मतलब, भरे बैठे हैं मुँह ना खुलवाओ! साला प्यार नहीं किया कि बवासीर पाल लिया। लड़कियों को आहत होने की ज़रूरत नहीं है, एक लाइन में स्वीकार रहे हैं कि लौंडे अधिकतर हरामख़ोर होते हैं और उनके साथ जितनी ज़्यादती हो कम है। पर हम साला ऐसा आदमी नहीं हैं। हम साला ग़ालिब-मोमिन, कीट्स-बायरन, बच्चन-साहिर टाइप के हैं पर क्या करें, मानस में तुलसी लिख गए हैं:

होईहैं वही जे राम रचि राखा, को करि तर्क बढ़ावहिं साखा।।

(होगा वही जो राम ने रच रखा है, तर्क-वितर्क में वक़्त बर्बाद मत करो)

ख़्वाहिश थी कि हसीन हो ना हो पर कविता समझती हो लेकिन जब हसीना सामने हो तो आदमी उसके कविता समझने को भूलकर ख़ुद कवि बन जाता है। हमारे साथ भी ऐसा ही हुआ। हसीन थी, दिलरुबा थी, बहार के पहले खिले फूल की तरह थी। हमने प्रपोज़ल से पहले माहौल बनाने के लिए सोचा कि थोड़ी शेर-ओ-शायरी की जाए। मैसेज किया:

लफ़्ज़ जब तक वुज़ू नहीं करते,

हम तेरी गुफ़्तगू नहीं करते।

(जब तक मेरे मुँह से निकलने वाले शब्द ख़ुद को पवित्र नहीं कर लेते, तब तक हम तुम्हारे बारे में किसी से बातें नहीं करते।)

जवाब जब आया तो लगा... ख़ैर, पहले जवाब जान लीजिए, "अच्छा है। वाह! अब मतलब भी मैसेज करो.. :-)" स्माइली देखकर तो मेरी जल गई यारो! लगा कि सारा कुछ मटियामेट हो गया। दुनिया पागल है और जीने के लिए कुछ नहीं है। क्या हमारे जैसे लोगों को ढंग की लड़की नहीं मिल सकती? मतलब क्या सारी लड़कियाँ मर गईं जो लिटरेचर की क्लासों में भरी होती हैं? मतलब समझिए कि कुछ पैसा लगाकर गर्लफ्रेंड रखना होता तो पैसा डूब गया सारा हमारे स्टार्ट-अप का।

बात हो गई कि 'मैं करता हूँ बेबीलोनिया की बातें, वो कहती है लिप्स्टिक दिला दो!' लेकिन फिर वही बात कि 'ये दिल, ये पागल दिल मेरा...' साला माने तब ना। प्रेम कंटीन्यू हो गया जी। वही तरह-तरह की बेवक़ूफ़ियाँ, 'बेबी यहाँ आ जाओ', 'वहाँ चले जाओ', 'बेबी तुम डूब मरो', 'बेबी मेरी जींस का कलर क्या है', 'बेबी ये गले की जंक ज्वेलरी कितनी सही है ना...' वग़ैरह-वग़ैरह!

यह तो सबके साथ होता है। फिर एक दिन, लड़कियों का आम दिन और लौंडों के बाल नुचवाने टाइप का दिन, मोहतरमा को चादर ख़रीदने जाना था।

हमें ये ख़रीदारियों में जाने से बड़ा डर लगता है।

एक तो प्राइमरी कलर, और ज़्यादा इंटेलीजेंट हैं तो इंद्रधनुष के सात रंग छोड़कर रंग का कुछ मालूम नहीं होता। लेटेस्ट ट्रेंड के नाम पर दस साल से जींस और टीशर्ट वो भी एक ही कंपनी का। क्योंकि पहली बार सही फ़िट हो गया होगा। खाने में चिकन चिली और तंदूरी रोटी, चाइनीज़ हुआ तो मोमो और चाउमीन, कॉफ़ी में कैपुचीनो और जूस की दुकान पर बिना रिस्क लिए मिक्स जूस। दुकानदार जहाँ पूछे कि मसाला डालें तो फटाक से बोल दो, "यार! तुम्हें जो समझ में आता है डाल दो"! बाल भी नाई को ये कहकर कि उसे जो मेरे चेहरे पर अच्छा लगता है काट दे।

ये जो ऊपर का वर्णन है, वो लड़कियाँ दो बार पढ़ें और इसे बाइबिल माने लड़कों की। लौंडा इंजीनियर है तो एक लाइन में जान लो कि वो हर दुकान पर अपने ही जैसे एक लौंडे को ले जाता है और बाद में दुकानदार से (कपड़ा, बाल, जूस, कॉफ़ी, सिनेमा, जूता... हर जगह) कह देता है, "यार तुम क्या खाते / पहनते / पीते हो, वही दे दो!"

ऊपर का पैरा लड़कियाँ तीन बार पढ़ें। इंजीनियर बेचारे भी लड़के हैं, उनके भी जज़्बात हैं। वो डायरेक्ट शादी करने के लिए नहीं बने हैं। उन्हें भी प्यार करवाने का और बेबी-मम्मा कहने/कहलवाने का हक़ है। बेचारों को मौक़ा दीजिए एक बार। निराश नहीं करेगा बस टाइम दीजिए। जब खुलकर आएगा तो उनसे ज़्यादा ओपन माइंडेड कोई लड़का नहीं होगा। ओपन माइंडेड इतने होते हैं कि सिविल इंजीनियरिंग की डिग्री लेकर सॉफ़्टवेयर डेवलपर की जॉब ले लेते हैं क्योंकि कैम्पस सलेक्शन हो गया।

हाँ, तो हुआ यूँ कि फ़ोन आया। शनिवार (सैटर-डे, ज़्यादा हॉट चिक मत बनो। पता है फिर भी मन में पूछ रही है कि व्हाट्स दिस शनिवारऽ ?) को फ़ोन आया कि उन्हें चादर ख़रीदना है। हमने हँसी-ख़ुशी कह दिया कि आ रहे हैं। चादर ही ख़रीदना है। कौन-सी बड़ी बात है! बहुत-बहुत चादर ख़रीदे हैं, सैनिक स्कूल में तो डिमांड पर हमेशा व्हाइट ही ख़रीदा था, सोचा पूरी दुनिया ऐसे ही चलती है।

इलाक़े के बेहतरीन मार्केट में गए। कोई बारह-पंद्रह दुकानें थीं, जो चादरें

बेचती थीं (ये शाम में पता लगा)। शुरू हुई बात, चादरों के तमाम पैकेट निकले। सेल्समैन ख़ूबसूरत लड़कियों को देखकर ज़्यादा इंथूज़ियास्टिक हो जाता है। माँगे एक, दिखाए चार। लड़की एक-एक चादर पूरा खुलवा रही है। पहले मैंने भी इंटेरेस्ट लिया फिर अपनी औक़ात पता चल गई।

''ये पिंक नहीं भैय्या, दो शेड लाइट। बेबी पिंक में दिखाइए!'' साला हम सोचते थे पिंक तो पिंक होता है, यहाँ तो शेड्स में डील हो रही थी। फिर मोहतरमा ने कहा, ''ये टॉर्क्वाइज़ वाला कैसा है? तुम कुछ बोलो ना, यहाँ क्या दुकान देखने आए हो?''

''ब...ब...बढ़िया है, तुम्हारे वॉल्स के साथ मैच करेगा।'' मैंने अपना पूरा ज्ञान लगाकर, उसकी दीवार का रंग याद करके कह दिया। ''ओफ्फो! दीवार का रंग तो इंडिगो है। तुम किसी काम के नहीं हो!'' ये बात सीरियस होकर कहा। मन में आया कि अपनी डिग्री निकालकर मुँह पर मारूँ फिर सोचा, छोड़ो यार। सह लो। ये भी एक एक्सपीरियेंस है।

दस दुकानें देख लीं। बारह से सात बज गए। ग्यारहवें में ख़ुदा के रहम-ओ-करम से मैडम को एक चादर का कलर पसंद आ गया। हमने हनुमान जी को लड्डू क़बूल दिया मन-ही-मन। कुछ देर हुआ, मैं ख़ुशी से दुकान में टहलने लगा कि अब तो पैकिंग करा लेंगी। फिर थोड़ी आवाज़ हुई। मैं पास गया।

''आप बीस रुपये तो कम करो और!''

''मैडम, उतने की ख़रीद ही है। आपसे बिल्कुल ज़्यादा नहीं ले रहा। ये देख लो प्राइस लिस्ट।''

''नहीं भायाँ, बीस और कम कर लो।''

''मैडम बिल्कुल पॉसिबल नहीं है। आपको दो घंटे से क़रीब सौ पीस खोलकर दिखा दिया। मुझे बेचना है, आप समझो बात को।''

''मैं तो नहीं लेती। आप रख लो फिर।''

ये कहकर ग़ुस्से में बड़बड़ाते हुए निकल ली। हमने बेचारे सेल्समैन की ओर देखा और मजबूरी में निकल लिए। पूरे रास्ते हमारी मोहतरमा उसे लालची, घूसख़ोर, चोर और भी पता नहीं क्या-क्या बोलती रहीं और हम सुनते रहे। कौन

साला मधुमक्खी के छाते में ढेला मारे!

अगली सुबह मैं जगा तो लगा कि मेरे पास एक ही चादर है। इससे पहले ऐसा नहीं लगा था। लौंडों को कभी फ़ील नहीं होता कि जींस दो हैं, शर्ट तीन हैं (जिसमें एक किसी दोस्त की है जो दो साल पहले एक्सचेंज हो गई थी उसके कमरे पर), चादर एक है वो भी कोई आए तब बिछती है। हमने सोचा कि हम भी चादर ख़रीदेंगे।

उसी मार्केट में गए और अंतिम वाली दुकान में गए। वही सेल्समैन था, हमें देखकर मुँह बना लिया उसने। हमने कहा, ''यार, आज अकेले हैं। टेंशन मत लो। चादर दिखाओ।''

उसने तीन पैकेट निकाला। हमने उसमें से दो चुन लिया और उसने जितना बोला उससे बीस रुपये ज़्यादा देकर ले आए।

शाम में मोहतरमा मिलने को आईं। नया चादर देखा तो पूछीं कि ये कब ली। हमने कहा, ''आज! प्लीज़ ये मत पूछना तुम्हें क्यों नहीं बताया।''

उसके बाद सात दिनों तक हमारी बातचीत बंद रही।

रोहित दलाई

# बैचलर लौंडों का पार्टी प्रीपेरेशन

लड़कों और लड़कियों में पार्टी जाने वक़्त एक ही मेन डिफ़रेंस होता है। लड़कियाँ अपने सैंतालीस नए टॉप (एक बार पहने या पिछले सप्ताह ख़रीद कर अलमीरा में रखे हुए), सतहत्तर सैंडल (पेयर में, सिंगल में एक सौ चौव्वन), अड़तीस क्लच, बारह सैचल, उन्नीस बाक़ी हैंडबैग, अनगिनत जींस आदि में से 'क्या ट्राय करूँ' ये डिसाइड करने में कुछ घंटे लगा देती हैं।

ध्यान रहे अभी सिर्फ़ ट्राय करने का वक़्त बताया है। एक्चुअली वो किसी दुकान में जाकर पूरा नया सेट भी ख़रीद सकती हैं।

और लौंडे भी समय उतना ही लेते हैं लेकिन दूसरे कारणों से। पहले सोचते हैं कि पार्टी में जाएँ कि नहीं। ठेल-धकेल के डिसाइड हुआ कि चलना ही है तो फिर गंदे कपड़ों में से कम गंदा कपड़ा निकाल लेगा। अपनी इस अचीवमेंट पर मन-ही-मन एकॉम्प्लिश्ड फ़ील करेगा।

फिर कहीं से पता चला कि ड्रेस कोड है। फिर बकचोदी करेगा, ''साला,

घुसने नहीं देगा क्या अगर चप्पल में चले गए तो?'' कोई कहेगा कि हाँ भाई, बहुत टाइट टर्म्स होते हैं। ''भक साला! ये कोई बात है! मेरे पास साला उजला जूता है। फ़ॉर्मल पैंट कहाँ से लाएँ?''

''रहुलवा को फ़ोन लगाओ? तेरा वेस्ट कितना है?''

''बत्तीस!''

''आए हाय मेरी जान! बत्तीस है।''

''अबे पूछो ना, जान-वान बाद में करना।''

''राहुल? यार वो रजिब्बा के पास पैंट नहीं है। मैनेज हो जाएगा?''

''कमर?''

''अबे बत्तीस है? और यार एक बेल्ट भी...''

''यार, शादी के बाद हमारा कमर बढ़ गया है यार। अजीतवा को पूछो, वो दस साल से बत्तीस पर ही अटका हुआ है।''

अब फ़ोन दूसरे को लगाया जाएगा कि पैंट हो गया है, बेल्ट मिल जाएगा। फिर याद आया कि जूता तो स्पोर्ट्स वाला है। बकचोदी होगी, ''यार इसको काला पॉलिश कर लेते हैं। हर चीज़ माँग के थोड़े ही पहनेंगे। कल पेट्रोल से धो लेंगे। एक बार में धुल जाएगा।''

''मूर्ख हो किया बे? ऐसे थोड़े होता है। चलो एक ख़रीद लेंगे।'' तब कोई बोलेगा कि उसके पास एक्स्ट्रा है, काम हो जाएगा।

''चड्डी-गंजी है कि वो भी लाएँ?''

''नहीं बे, चड्डी है। हाँ, अब ये मत बोल देना कि नहा के जाना है! आयरन कर लें? या छोड़ो... नीचे क्या है सूट के कौन देखता है। ऐसे ही पहन लेंगे। यार वॉर्म भेस्ट लेना पड़ेगा, ठंढ में फट के हाथ में आ जाएगी।''

''अबे मैंचिंग नहीं है यार।''

''मूर्ख हो क्या बे? कॉन्ट्रास्ट है। लेटेस्ट चल रहा है। फ़ैशन फ़ॉलो करने वाली लड़कियों से फ़्रेंडशिप करो फ़ेसबुक पर।''

''यार अजीत, आजकल तुम कुछ कर नहीं रहे, जूता ही पॉलिश कर दो।''

# टूथपेस्ट कथा

बैचलर लौंडों का टूथपेस्ट ट्यूब चमत्कारी होता है। ये ख़त्म होने के बाद तीन दिन निकाल देता है और बिल्कुल ख़त्म होने के बाद दो दिन और।

लौंडा जब भी ब्रश पर पेस्ट डालने जा रहा होता है और एकदम कंठ तक पिचका ट्यूब देखता है तो दूसरे पार्टनर, अलख को मन-ही-मन कहता है, ''अरे यार! आज भी पेस्ट नहीं लाया। कल ही तो सब्ज़ी लाने गया था, पेस्ट भी ले आता!''

फिर वो मन-ही-मन एक प्रण लेता है, ''जो भी हो जाए, आज शाम पेस्ट लाकर रख ही दूँगा। ये एकदम ख़त्म हो गया है।''

फिर किसी तरह, ट्यूब की पूँछ दबाते हुए, कंठ तक बिना अँगूठा और इंडेक्स फ़िंगर और मध्यमा को ज़ोर से दबाते हुए ले जाता है लेकिन निकलता कुछ भी नहीं।

अब क्या करें? अब ढक्कन खोलकर ट्यूब के कंधों को, गर्दन के नीचे मचोड़कर डाल दीजिए और मुँह की ओर पुश कीजिए। एक दिन का क्या, दो दिन का पेस्ट निकल आता है।

लौंडा दूसरी बार प्रण लेता है, "नहीं यार! इतनी ठंढ में हाथ कठुआ गया। कल तो पक्का नया ट्यूब ले आना है।"

अगले दिन की सुबह लौंडा जगता है और उसे एक ही दिन में दोबारा लिए हुए प्रण के कारण बात याद रह जाती है। पैसा लेकर टूथपेस्ट ख़रीद लाता है।

पर ये क्या! अलख भी आज ही पेस्ट ले आया। और फिर आपके बेसिन के ऊपर दो फ़्लेवर का दो ट्यूब बहुत दिन तक चलता है। और दो-दो ट्यूब देखकर ये डिसाइड करने में समय लग जाता है कि कौन-सा इस्तेमाल करें। फिर आप एक ट्यूब लेकर ब्रश के ऊपर ये लंबा पेस्ट डाल लेते हैं और ख़ुश होते हैं कि ये हुई ना बात। ये करने में आप कल और परसों को भूल जाते हैं जब आपने पेस्ट की एक बूँद से यह कहकर काम चला लिया था कि 'दाँत तो साफ़ ही हैं, ज़्यादा की क्या ज़रूरत है!

# ब्वॉय्ज़ स्कूल के लड़कों का प्यार

प्यार तो भाई सबको होता है। ब्वॉय्ज़ स्कूल के लौंडों को भी प्रेम होता है। और नहीं तो क्या मैं जो ये लंबे-लंबे शोधपत्र टाइप के हास्य-व्यंग्य-संस्मरण वग़ैरह जो लिखता हूँ वो क्या त्रिनेत्र महादेव सपने में आकर लिखवाते हैं!

चाहे तीन साल पुराना, सीनियर द्वारा 'यूज़्ड' डेवोनेयर हो, कॉस्मोपॉलिटन, मनोहर कहानियाँ, दफ़ा 302 या सर्वव्याप्त, सर्व-विद्यमान, सर्वसुलभ परंतु अदृश्य मस्तराम की किताबें, ब्वॉय्ज़ स्कूल के लौंडे प्रेम और सेक्स दोनों का पहला अध्याय इन्हीं 'किताबों' से सीखते हैं। कुछ का ज्ञान तो सरस सलिल के 'किशोरों की समस्याएँ' पर ही निर्भर रहती हैं: मैं अट्ठारह वर्ष का एक किशोर हूँ और मुझे एक ख़राब आदत लग गई है... (जानकार लौंडों को पता होगा कि ये ख़राब आदत क्या है!)

मुझे याद है जब हमारे सीनियर विजय जी बारहवीं में फ़ेयरवेल पाकर अपना कमरा ख़ाली कर रहे थे तो हमें एक डेवोनेयर दिया था हमारे काम से

ख़ुश होकर। हम विजय जी के जूनियर थे मतलब उनका बेड लगाना, पानी लाना, बैग में उस दिन की किताबें डालना, बैग को उनकी क्लास में रखना इत्यादि हमारे ज़िम्मे था। हर सीनियर का जूनियर असाइन्ड होता था। हम भी जब सीनियर हुए तो हमें भी ये सुविधाएँ मिलीं। और हमने भी कुछ 'किताबें' अपने ख़ास जूनियर को दे दीं।

ये प्रचलन हर हॉस्टल का है क्योंकि कोई भी नहीं चाहेगा कि सात साल भारत के एक बहुत अच्छे मिलिट्री स्कूल से पढ़कर लड़का घर जाए सारा सामान लेकर और माँ को बक्से से चित्रों वाली किताब मिले। थोड़ा अनकम्फ़र्टेबल हो जाएगा।

हॉस्टल में रह चुके बाप तो मान भी जाएँ पर माताएँ सीरियस हो जाती हैं कि लड़का बिगड़ गया। मिडिल क्लास माताएँ फ़ोटो देखकर ही बिगड़ जाती हैं चाहे कितना भी समझा लो, "माँ, वो तो लाँजरे का ऐड है...।"

"आग लगे ऐसी करमजली की देह में! यही सब कर रहे थे इतने दिन?" मानो साला हम उस मॉडल के साथ क्लास करने जाते हों और वो हमें भगा ले जाती हो।

इन मौक़े पर हमारी मिडिल क्लास माँएँ ये भूल जाती हैं कि उसके इसी नालायक़ लौंडे ने डिस्ट्रिक्ट में टॉप किया था और बारहवीं के रिज़ल्ट आने से पहले एनडीए क्लियर कर चुका है।

ख़ैर जो भी हो। हर ब्वॉय्ज़ स्कूल के लड़के को दयालु परमपिता परमेश्वर एक मौक़ा और देता है प्रेम करने का। लड़का कॉलेज में एडमिशन लेता है। वो ये सोचता है कि कॉलेज में शाहरुख़ ख़ान टाइप कोई फ़्रेंडशिप बैंड बाँट रहा होगा। लेकिन ऐसा नहीं पाकर उसका मोहभंग होता है कि साला यहाँ भी पढ़ाई हो रही है, गाने तो कोई नहीं गाता।

दिल का साफ़ और बहुत ही फट्टू टाइप ये बेचारा लड़का क्लास आता है और जाता है। दिल-ही-दिल में रोज़ एक गर्लफ़्रेंड बनाता है। दिल ही में डेट पर जाता है। किस करता है। बच्चे पैदा करता है... ये लौंडे अपने जैसे नामुरादों को खोज लेते हैं और डिस्कस कर लेते हैं कि कौन लड़की किसकी है।

सबकुछ म्यूचुअली डिसाइड हो जाता है। लड़की को कुछ पता नहीं और

यहाँ मारा-पीटी हो जाती है कि तू कल पीली वाली पर लाइन मार रहा था। लड़की की अलग समस्या है, जानती है लौंडा टॉपर है। बोलता अच्छा है। कॉन्फ़िडेंट है। आर्टिस्ट है। लंबा है। स्मार्ट है। लेकिन पता नहीं किस दादी माँ ने उससे कहा होता है कि तू प्रपोज़ करेगी तो तेरी इज़्ज़त चली जाएगी। लौंडा तो फट्टू है, तुम साला काहे राष्ट्रपति वाला प्रोटोकॉल लिए चल रही हो?

कितने लोग ग्रेजुएशन के तीन साल इसी उम्मीद में निकाल देते हैं और एक दिन फ़ेसबुक पर पता चलता है, ले साला! शादी हो गई उसकी! और लड़के की शक्ल और प्रो.फ़ाइल देखकर वो बोलता है, "साला हम कौन से बुरे थे! बताओ यार, इस लौंडे के सुरखाब के पर लगे हैं क्या? पता नहीं सुंदर लड़कियों को चिरकुट लौंडों में क्या इंटेरेस्ट होता है!"

ब्वॉय्ज़ स्कूल के भोले लड़के इतने भोले होते हैं कि अगर उन्हें फ़ेसबुक पर फ्रेंड सजेशन में भी कोई लड़की दिखती है तो सोचते हैं कि कायनात कोई साज़िश कर रही है। उन्हें लगता है कि लड़की से रहा नहीं गया और उसने फ़ेसबुक को पैसे देकर उनकी टाइमलाइन पर अपना प्रोफाइल सजेस्ट कराया हो।

जी, थिंकिंग का क्या है। आपको आइडिया नहीं है हमारे जैसे कमज़ोर दिल वाले ब्वॉय्ज़ स्कूल के डरपोक प्रेमियों का। हम तो कुछ भी सोचते हैं क्योंकि हमारे तीन दोस्त, जिनकी शादी की ज़िम्मेदारी उनके माँ-बाप को दे रखी होती है, वो हमेशा ध्वनि मत से पारित कर देते हैं कि सही सोच रहे हो, यही बात होगी।

ऐसे दोस्त हों साले तो हमें भी अपने पापा पर ही शादी का ज़िम्मा डालना पड़े। लेकिन हम एक साल की झिझक से समझ गए कि भैया ऐसे काम नहीं होता। लड़की ख़ुद नहीं बोलेगी। तुम इंडिकेटर ऑन करो। टॉपर होगे घर में! तब जाकर कॉमन फ्रेंड के ज़रिये प्रपोज़ करवाया हमने। उसके बाद तो हमने जो जो किया वो ब्वॉय्ज़ स्कूल के लौंडों के इतिहास में स्वर्णाक्षरों में लिखा जाएगा।

बात हमारी नहीं है। बात है उन तमाम लौंडों की, जो प्यार दिल ही में करते हैं, लेकिन करते हैं। उनका अनोखा, अलबेला प्रेम हास्यास्पद भी होता है और

हृदयविदारक भी। इनका प्रेम हर मौक़े (अधिकतर तो बेमौक़े) निकलता है।

एक बात ग़ौरतलब है कि ये अपने दोस्तों के, जो सफल हैं गर्लफ्रेंड के मामले में, प्यार में पूरा यूनाइटेड सपोर्ट देते हैं। ख़ुद साले कभी डेट पर गए नहीं लेकिन तमाम फ़िल्मों का रेफ़रेंस देकर बताएँगे कि कौन-सी ड्रेस सही रहेगी और पहली लाइन क्या बोलना है, दरवाज़ा कैसे खोलना है उसके लिए मानो साला डेट पर नहीं मिस वर्ल्ड के फ़ाइनल राउंड में जा रहे हों और देश की इज़्ज़त का सवाल हो!

प्रेम आपका है पर कर सब रहे हैं। कॉफ़ी पर आपको जाना है और आधा बैच, जिस-जिस को ख़बर मिल गई, चिंतित है कि कब जाएगा। गया या नहीं। उस लड़की से कौन बैचमेट मिल चुका है। फ़ेसबुक पर किस नाम से है। आठ फ़ोटो लाइक कर देगा तब तक।

आप सोच नहीं सकते हैं कि इमोशनल होकर ये लौंडे, इनोसेंस में क्या-क्या कर देते हैं। लड़की ने मान लो लिख दिया कि 'आई एम इन लव विथ दिस मैन -----' और आपको टैग कर दिया तो ये साले ये नहीं सोचते कि क्यों लिखा है, उसकी कोई बात पसंद आ गई होगी, लिखता अच्छा है तो कोई लेख पसंद आया होगा।

लेकिन नहीं, ये भोले हरामख़ोर दोस्त उसको 'भाभी' मान लेते हैं और फिर फ़ोन कर-करके बैंगलोर, अहमदाबाद, भुवनेश्वर, दिल्ली और ससेक्स (जी इंटरनेशनल कॉल) से बाक़ी बैचमेट्स को ख़बर कर देते हैं कि फ़ेसबुक पर ऐसा 'कांड' हो गया। 'अपना' लौंडा कॉफ़ी पीने जा रहा है! पूरा बैच ख़ुश! कुछ तो साले पार्टी माँगने लगते हैं। बताइए भला, ऐसे साला आदमी ट्रीट देने लगे तो सैलरी का आधा पैसा तो इसी में जाए।

ख़ैर, हॉस्टल में सात साल साथ गुज़ारने पर फ़ीलिंग एक जैसी हो जाती है। कमबख़्त ख़ुश भी तो हमारे लिए ही होते हैं। उन्हें लगता है कि कोई तो गया, किसी ने तो कुछ किया लाइफ़ में मानो मैंने लिटरेचर का नोबेल ले लिया हो!

अब आप बताइए जिस लड़के को टेबल पर रखी पानी की बोतल माँगने में झिझक होती हो कि लड़की क्या सोचेगी, कि लाइन मार रहा है बोतल माँगने के बहाने। क्या इज़्ज़त रह जाएगी मेरी! वो बेचारा क्या करेगा और कैसे करेगा!

इन पर फिर पढ़ाकू होने का ठप्पा लग जाता है। जो लौंडा अट्ठावन परसेंट पाकर किसी तरह पास होता हो बारहवीं तक, वो अचानक फ़र्स्ट इयर का टॉपर हो जाता है क्योंकि उसके पास पढ़ने के अलावा कोई काम ही नहीं होता। फिर उसे और पढ़ाकू मानकर लोग साइड कर देते हैं और फिर वो सरकमफ़रेंस पर आकर टेंजेशियली देखता रहता है कि सेंटर में क्या चल रहा है।

मेरी तमाम लड़कियों से गुज़ारिश है कि इन्हें मेनस्ट्रीम में लाएँ। ये लोग दिल के बहुत साफ़ होते हैं। बहुत ही लॉयल होते हैं, डेडिकेटेड लवर होते हैं और इतना प्रेम करते हैं कि कभी-कभी आप सफ़ोकेटेड फ़ील करने लगोगे। ये कूल डूड में कुछ नहीं है। ब्वॉय्ज़ स्कूल के वर्जिन लड़कों पर भी ध्यान दीजिए, वो आपको निराश नहीं करेंगे।

# बैचलर विलाप कथा : कचौड़ी से पास्ता तक

हमारे एक मित्र हैं, सुरक्षा कारणों से नाम गुप्त रखा गया है। रूम से नीचे जा रहे थे बोले, "खड़ग सिंह के यहाँ कचौड़ी खाने जा रहे हैं, चलोगे?" हमने ना में सर हिलाया और अपना काम करने लगे। लगभग घंटा भर हो गया लेकिन मित्र आए नहीं।

खड़ग सिंह की दुकान तो घर के नीचे ही है, ऑटो स्टैंड के पास। ख़ैर थोड़ी देर बाद 'ठक्-ठक्' हुई और हमने दरवाज़ा खोला तो मित्रवर सामने खड़े थे। हाथ में दूध का पैकेट, बैचलर लौंडों के जीवन में इसका महत्व सब जानते हैं और एक पॉलीथिन में एक पैक्ड डिब्बा था।

"यार, लड़की के चक्कर में दस की जगह एक सौ दस का ख़र्चा हो गया। गए थे कचौड़ी खाने, ले के आ गए पास्ता!"

"ख़र्चा हो गया? कैसे?" हमने पूछा।

"अरे! साला निकले थे कचौड़ी खाने। ऑटो स्टैंड पहुँचे और खड़ग सिंह की दुकान की तरफ़ जाने ही वाले थे की एक ख़ूबसूरत कन्या पर नजर पड़ गई।" ये कहकर वो चुप हो गया ये समझकर कि आगे एक्सप्लेन करने की आवश्यकता नहीं है।

लेकिन मज़े लेने वाले मित्र जानबूझकर नहीं समझने का नाटक करते हैं, "फिर? नजर पड़ गई तो क्या उसने पास्ता बेच दिया तुम्हें?"

"भक् साला! अबे लड़की के चक्कर में किसी दैवी शक्ति ने मुझे ऑटो में खींच लिया और फिर मैं वहीं उतरा जहाँ वो उतरी। समझ रहे हो बात अब?"

"समझ तो रहे हैं लेकिन आगे क्या हुआ?" हमने अंदर की खी खी खी पर नियंत्रण रखते हुए पूछा।

"वो बर्गर एक्सप्रेस पर उतरी। हम भी उतर लिए। अब पाँच रुपया दिए ऑटो वाले को और उसके साथ काउंटर पर खड़े हो लिए और आनन-फ़ानन में पास्ता ऑर्डर कर दिया। और क्या करते? खाओगे?"

हमने सहानुभूति दिखाते हुए और हँसते हुए कहा, "तुम खाओ, हमको मेओनीज़ अच्छा नहीं लगता।"

# कन्या लौंडा विमर्श :
# कन्या बुलाए तो चले ही जाना चाहिए

सुबह-सुबह एक विद्यार्थी का फ़ोन आया। शिक्षक दिवस विश नहीं किया। सीधे पूछा, "सर, हम फ़ेसबुक पर लिखे कि बुक फ़ेयर जाना है किसी को तो एक लड़की ने लिखा कि हाँ जाएँगे, लेकिन कल चलो तब। लेकिन हमारा मन तो आज ही जाने का है। क्या करें?"

अब बताइए कि इसमें दुविधा कहाँ से आ गई। भगवान कृष्ण ने भी गीता में कहा है कि धर्म की रक्षा के लिए कुछ भी करना हो करो। यहाँ पर लौंडा धर्म से कहता है कि कन्या जब बुलाए चले जाओ। क्योंकि टू बी फ़ेयर, कन्या हमारे जैसे लौंडों को कहीं बुलाती नहीं और बुलाती है तो नहीं कहना अधर्म है।

कन्या बुलाए तो जगह, समय और कपड़ों का ध्यान किए बग़ैर सर्वप्रथम 'हाँ' कह देना चाहिए। स्वयं वासुदेवनंदन कृष्ण गीता के तीसरे अध्याय के

आठवें श्लोक में कहते हैं, ''तू शास्त्रविहित कर्तव्य कर्म कर क्योंकि कर्म न करने की अपेक्षा कर्म करना श्रेष्ठ है तथा कर्म न करने से तेरा शरीर-निर्वाह भी नहीं सिद्ध होगा।''

अब लौंडे का कर्म क्या है? लौंडे का कर्म है कि प्रेम नामक सत्य की तरफ़ हमेशा अग्रसर होते रहना। लौंडा अगर कन्या के बुलाने पर नहीं जाएगा तो उसको 'शरीर-निर्वाह', यानी जिस कर्म के लिए उसने मानव शरीर धारण किसा है, सिद्ध नहीं होगा।

अत: लौंडे का जीवन इसी बात में सफल है कि वो कन्या के इशारों पर हाँ कहता रहे। और जब कन्या खुद, खुलकर सारी बात कह रही हो कि कहाँ जाना है और तुम्हारे साथ ही जाना है तब तो निहायत ही मूर्खता होगी कि लौंडा क्षण भर को भी इस पर सोच विचार करे।

# बैचलर की चाय

सुबह-सुबह (बैचलर की सुबह क़रीब डेढ़ बजे होती है छुट्टी के दिन) हमारे मित्र तुहीन चक्रवर्ती हमारी गली में आकर हमें फ़ोन कर रहे हैं, "अबे तेरा घर किधर है, क्या नंबर है? हम अपनी बीवी (महिला मित्र को सप्रेम इसी नाम से बुलाते हैं) के साथ हैं। ज़रा बाहर आओ।" हमने अपनी गर्दन बाहर निकाल दी उस जगह से, जिसे दिल्ली में प्रॉपर्टी डीलर बालकनी कहते हैं।

नीचे तुहीन दिखा, पीछे महिला मित्र थीं। हमने ख़ुद को देखा। हाफ़ पैंट और गंजी में थे। बेइज़्ज़ती थोड़ी कम हो इसलिए एक साफ़ (बेचलर वाली साफ़ मतलब सत्रह बार पहनी हुई) टी शर्ट डालकर एक मस्त स्माइल लेकर गेट पर खड़ा हो गया। मैंने देखा है कि लोग टीशर्ट पर उतना ध्यान नहीं देते जितना पहनने के वक़्त बेचारा बैचलर उसके सेलेक्शन (सबसे पहले जो कम गंदी दिखे) पर दे देता है।

ख़ैर, बिठाया उन्हें। बैठने के लिए तैयार नहीं हो रहा था, बोला, "यार

निकलना है जल्दी में...'' हमने इनसिस्ट किया कि भाई चाय तो पीनी पड़ेगी। फिर जाकर बैठा।

किचन में घुसे और दूध ऐसे खोजा (लड़की न होती तो बिल्कुल न करते) मानो सुबह में दूधवाला रखकर जाता हो। मतलब दूध नहीं था। बैचलर के घर दूध कभी नहीं होता। अब हमने अपने फ़्लैट पार्टनर/जूनियर/दोस्त जो भी कहिए उसे जगाया जो एक बार जग कर फिर सो रहा था। ''प्रीतेश, यार चाय बनाओगे?'' उसने बिना जगे ही, अब तक स्कूल मोड में ही है भले नौ साल पहले मैं फ़ेयरवेल लेकर दिल्ली आ चुका था, ''हाँ सर, बना देंगे!''

ग़ौरतलब बात ये है कि उसे चाय बनानी नहीं आती लेकिन सीनियर ने कहा है तो ट्राय करेगा ही और बनाएगा ही। चाय कौन-सी बड़ी बात है! ''अबे, दूध भी नहीं है यार।''

''सर ले आते हैं नीचे से।''

फिर वो दूध लाने गया। हम तुहीन को एंटरटेन करने लगे। दुनिया-जहान की बातें। हारमोनियम के लेसन इत्यादि। मैडम से भी बात होने लगी। इतने में दूध आ गया और प्रीतेश लगा 'कोशिश' करने में। हमें अभी तक ये पता नहीं था कि इसे चाय बनाना नहीं आता।

वो भी छोड़िए इसे पुराने लाइटर-ए-सुलेमानी से गैस जलाना भी नहीं आता। सीख जाएगा धीरे-धीरे। हमने गैस जला दी, वो भी एक बार में। प्रीतेश एस्टोनिश्ड (आश्चर्यचकित) था, ''अरे! सर कैसे किया?''

''तुमको इंटर्नशिप देंगे, टेंशन ना लो। सब सीख जाओगे।''

''सर, सारा दूध उबाल लें या सिर्फ़ इतना?''

''अरे हटो यार, पहले दूध उबालो पानी के साथ। दूध का स्मेल चला जाता है इससे। फिर अदरक, चाय पत्ती और अंत में चीनी (कूल डूड्स के लिए: अदरक जिंजर को कहते हैं और चायपत्ती इज़ द टी-लीफ़)।'' कहकर हमने दूध नाप कर पानी के साथ गैस पर डाल दिया।

अब डिब्बा खोजा 'टी लीफ़' का, देखा ख़ाली था। ये साला चायपत्ती भी हमेशा ख़त्म ही रहती है। उधर दोस्त कह रहा था कि यार फिर नीचे जाओगे, छोड़ो चाय का झंझट! हमने कहा, ''अरे बीस मीटर पर दुकान है। लेकर आ

रहा हूँ, तब तक चिल मारो।''

बैचलरहुड ग़ज़ब होती है। फ़ैमिली में हो तो माताजी सबकुछ, सारे डिब्बे देखकर बोल देंगी कि ये भी ख़त्म है, वो भी ख़त्म है और ये ख़त्म होने वाला है, सब लेकर आना। बैचलर फ़ोकस्ड होता है। वो एक बार में एक ही चीज़ देखता है। दूध नहीं है तो दौड़ कर जाएगा। फिर आएगा और पाएगा कि चायपत्ती भी नहीं है। फिर दौड़ कर जाएगा लेकिन ये नहीं देखेगा कि चीनी भी तो ख़त्म नहीं हो गई।

और वो दिन सबसे क्रूर होता है जब बेचारा तीन बार में चाय बनाने का सामान लाता है। और गैस फक्क-फक्क करके तेरह सेकेंड में ख़त्म हो जाती है।

ख़ैर, हमारे साथ (इस बार) ऐसा नहीं हुआ। चीनी भी थी और गैस भी थी। सेफ़ साइड लेते हुए हमने ही चाय बनाई और इत्मीनान से पी। चाय में मेहनत का स्वाद था और अदरक का फ़्लेवर। कभी आइए तो पिलाएँ आपको भी।

# यार सेटिंग करवा दो किसी से

हमारे एक मित्र हैं काफ़ी पुराने, बचपन के समय से ही। नाम है अलख सुंदरम् (सुरक्षा कारणों से नाम बदल दिया गया है)। देखने में TvDH हैं, यानी Tall, very Dark और अगर ऐसे लोग Handsome हो सकते हैं तो उनका दिल रखने के लिए Handsome भी माना जा सकता है।

एक बात और बता दूँ कि उनकी पढ़ाई भारत के सबसे अच्छे स्कूलों में से एक, सैनिक स्कूल तिलैया से हुई है। ग्रेजुएशन किरोड़ीमल कॉलेज से किया और माशाल्लाह चार साल से MBA की डिग्री भी चमकाते हैं। वैसे तो मेरे मज़ाक़ों के सबसे प्रिय पात्र B.Tech वाले होते हैं पर मित्र अलख (बदला हुआ नाम) इतने अच्छे हैं कि MBA वाले भी अब मेरे क्रूर चुटकुलों का विषय बनते जा रहे हैं। बकौल, MBA वाले सिवाय Excel sheet बनाने के और फ़ैंसी वड्र्स इस्तेमाल करने के अलावा कुछ नहीं जानते। उनकी सारी होशियारी टाई बाँधने और कुक्कुरों की तरह ग़ुलामी में निकलती है। उनके एम्प्लायर उन्हें

लैपटॉप देकर पूरे साल मूर्ख बनाते हैं इस बात पर कि 'तुमने अपना टारगेट अचीव नहीं किया इसीलिए वर्क फ़्रॉम होम करो' और ये बेचारे ख़ुद को इनएफ़िशिएंट मान कर लगे रहते हैं वीकेंड्स पर भी।

ख़ैर, मेरे क्रूर कटाक्षों का कोई अंत नहीं है और मेरे पिताजी ने इसीलिए बचपन में ही मुझे घर से विदा कर दिया था।

मूल मुद्दे पर आते हैं। जब भी शाम में इनसे मिलता हूँ, चाहे रोज़ मिलूँ, सप्ताह में एक दिन या दिन में तीसरी बार, इनका एक ही रटना लगा रहता है– "यार सेटिंग करवा दो किसी से!"

और मैं सही बोल रहा हूँ, अगर आपने मेरे मित्र की वो निरीह, याचनामिश्रित और आशा के भाव से लबरेज़ वाक्य एक बार भी सुन लिया तो आपका हृदय वैसे ही द्रवित हो जाएगा जैसे जवान होते जून महीने की गर्मी में थाली में रखी हुई आइसक्रीम ब्रिक।

रोज़-रोज़ की एक ही बात से झेलकर मैंने और मित्र चंदन ने, जो आमतौर पर ऐसे समय पर मेरे साथ होता है, उसे कुछ सुझाव दिए कि 'भाई ऑफ़िस में देखो, बहुत लड़कियाँ होती हैं। ऊपर से तुम TDH (V हटा दिया उनका दिल रखने के लिए) हो जो कि लड़कियाँ चाहती हैं। काले लोगों के बारे में एक और बहुत ही 'बड़ी मिस्ट्री' रहती है, उसपर बिल्ड-अप करो।"

"नहीं यार, बस किसी से सेटिंग करा दो। मज़ा आ जाएगा!"

"ये क्या बात हुई, तुम ट्राय भी नहीं करना चाहते। और हम क्या साले दलाल हैं? चुतियापा बंद करो और इससे पहले की जवानी बह जाए, किसी से बात चलाओ। और तुमसे नहीं होता तो फिर हमें अपने फ़ेसबुक का पासवर्ड बता दो, महीने भर में लड़की क्या उसकी माँ, बहन, सहेली तक को तुम्हारा फ़ैन बना देंगे।"

अलखवा की सुई अटकी पड़ी है, "अरे नहीं यार, बस सेटिंग करा दो।"

"अबे मूर्ख हो क्या? साले बोल रहे हैं तबसे कि लड़की ख़ुद आकर कूद नहीं जाएगी तुम पर। कोशिश करनी पड़ती है। लो प्रोफ़ाइल रखने से कोई मिस्ट्री क्रिएट नहीं होती, लड़की सोचती है डिप्रेस्ड लौंडा है, कुछ नहीं होने वाला। बिना काम का कमेंटबाज़ी करते रहो। उलूल-जुलूल बात करो। कुछ

हो न हो 'ब्रांड अवेयरनेस' (वो इसी का काम करता है ऑफ़िस में) बढ़ेगी। लड़कियाँ डिस्कस करेंगी कि लड़का 'फ़न' है, 'यो-यो है, मस्त रहता है और तुम्हारे डार्कनेस से एसोसिएटेड मिथ को भी सच मानने लगेगी। बस अपना मूव डालो, मामला फ़िट है।''

अलख साहब फिर से वहीं हैं, ''अरे नहीं यार तुम समझते नहीं हो ऑफ़िस में कोई 'उस टाइप' की नहीं है यार। कोई गोरी, फ़िगर भी अच्छा हो और हमको एप्रोच करे तब मज़ा आ जाए।''

मैंने गरियाया, ''हाँ, जब ह्यूमन क्लोनिंग परफ़ेक्ट होने के साथ वो मशीन घरों में बिकने लगेगी तब तू ऐसी लड़की मेनुफ़ेक्चर कर लेना! तुम्हारे क्या सुरख़ाब के पर लगे हैं कि लड़की ख़ुद आएगी? और लगे भी हैं तो साले वो जले हुए हैं, तुम्हें ख़ुद जाना होगा। नहीं तो सीताराम-सीताराम जपते रहो बाथरूम में!''

अलख इतना सुनने के बाद भी टोन में बिना हेर-फेर किए लगा पड़ा था, ''नहीं यार, गोरी तो होनी ही चाहिए और फ़िज़ीक भी मस्त हो। बस तुम सेटिंग करा दो।''

''पगला गए हो क्या? साला रोज़ का धंधा बना लिया है! मिरर में देखो एक-आध बार शक्ल। और नहीं तो किसी से पूछ लो, या फ़ेसबुक पर ये पोल करवा लो कि तुम ज़्यादा काले हो या बिटुमिनस कोयला! हँसते हो तो सिर्फ़ दाँत चमकता है तुम्हारा, दिन हो या रात! रात में तो बोलो नहीं तो कुत्ता टकरा जाएगा और बिल्ली पैरों के नीचे से निकल जाएगी! शाम में घंटी बजाते हो तो जाली के पार तुम खड़े होते हो और रूम से हम गरियाते हैं कि कौन साला घंटी बजा के भाग गया। तब तुम हमें गरियाते हो कि 'हम हैं, अलख', तो पता चलता है कि तुम हो!''

मज़े की बात ये है कि है ये अपना दोस्त, इसीलिए इसको कितना भी गाली दे दो, काला, हरा, नीला, बैंगनी बोल लो, इसे कोई फ़र्क़ नहीं पड़ता क्योंकि हम लोग कोई मौक़ा नहीं छोड़ते एक-दूसरे की 'लेने' में। सुनता रहा, सुनता रहा और फिर बोलता है, ''अबे अजीत वो सब ठीक है यार। रोज़ मजाक उड़ाते ही हो, यार सेटिंग करवा दो किसी से। वो तुम्हारी जो जर्मनी वाली फ्रेंड है

उसकी किसी फ्रेंड से बात चलाओ तो मज़ा आ जाएगा।''

''रियली? अब तुम इंडिया छोड़ के साले जर्मनी पहुँच गए? एन्जेलिना जॉली से ही बात चलाते हैं या फिर ट्विलाइट वाली तुम्हारे उम्र की भी है और तुम भी वैम्पायर तो लगते ही हो, उसको भी फ़ोन कर सकते हैं।''

''मज़ा आ जाएगा यार। लेकिन मज़ाक़ छोड़ ना, इंडिया में ही कहीं से इंतज़ाम कर ना। अरे तुम्हारा पास्ट, फ्यूचर सब मस्त है, हम यार शादी के दिन बीवी को वर्जीनिटी का सरप्राइज नहीं देना चाहते!''

''इंतज़ाम? साला सठिया गया है! इंतज़ाम? क्या बे, सही में दलाल समझते हो क्या? गोली मार के नेपाल निकल लेंगे। इंतज़ाम कर दो! साला! फ्रस्टिया गया है एकदम।''

भगवान की असीम अनुकंपा से हमारा संध्याकालीन वॉक पूरा हो चुका था। एक-दूसरे को गाली देते हुए हम अपने रूम पर चले गए ये जानते हुए कि अलखवा कल फिर झेलाएगा।

**नोट :** काले लोग दिल पर न लें और स्त्रीचिंतक अपनी चिंता का बकवास प्रदर्शन यहाँ न करें।

# मेरे दो फ्रस्ट्रेटेड दोस्त : राहुल और राजीव

शनिवार की शांत रात थी। मैं अपने कमरे में कुछ करने की सोच रहा था। तभी दरवाज़े की घंटी बजी।

मैंने पूछा कि कौन है? बाहर से नशे में डूबी हुई एक आवाज आई, ऐसी जैसे कि दारू में तीन बार डिप किया हो उसे, "अबे खोलो साले..."

मैंने कहा कि तुम दोनों ने दारू पी रखी है, मैं नहीं खोलता दरवाज़ा। दोनों मुझ पर अचानक से बिगड़ गए और पता नहीं क्या-क्या बोलने लगे।

"साले, तेरे में ऐसा क्या है जो मेरे में नहीं है। अच्छी-ख़ासी सरकारी नौकरी करता हूँ। रोज़ अलग-अलग कपड़े पहनता हूँ। डियो भी लगाता हूँ। घर में एसी भी है। और तो और रोज़ नहाता भी हूँ और मुँह भी धोता हूँ। बता साले?"

दूसरा फिर शुरू हो गया, "साला तुमसे ज़्यादा स्मार्ट भी हैं (ख़ुद ही, मन में ख़ुद को स्मार्ट भी मान लिया वो भी मुझसे ज़्यादा)। पच्चास हज़ार हर महीने मेरी तनख़्वाह होने वाली है। क्या है तेरे में जो हममें या इसमें नहीं है?"

मैं समझ नहीं पा रहा था कि इनका मतलब क्या है। काफ़ी सीरियस भी लग रहे थे दोनों। मैंने सोचा दरवाज़ा खोलना मूर्खता होगी।

"दरवाज़ा खोल कमीने। आज तुझे जवाब देना ही होगा।" पहले ने फिर दोहराया।

"साला, लड़की नहीं मिली कि तुम अब गेट नहीं खोलेगा! ये दिन भी देखना पड़ेगा, ये मैंने सोचा नहीं था। और ये सब एक लड़की के लिए! इससे अच्छा था दारू पी-पीकर मर ही जाते।" दूसरे ने कहा।

फिर मुझे सारा मामला समझ में आया कि मेरे दोनों मित्र, मान लीजिए एक का नाम राहुल है और दूसरे का राजीव। और ये भी मान लेते हैं कि एक के अगले दाँतों के बीच इतनी ख़ाली जगह है कि उस से दो साइकिल सवार समानांतर चलाते हुए निकल जाएँ। और दूसरे मित्र जो हैं उनके लिए ऐसा फ़र्ज़ करते हैं कि उनके सिर पर बालों का ऐसा अभाव है जैसा कि आपकी कार में पेट्रोल का।

ये दोनों बहुत ही फ्रस्ट्रेटेड थे और बार-बार ख़ुद को मुझसे कम्पेयर कर रहे थे। उनके तर्कों से ये ज़ाहिर था कि दोनों में से किसी ने भी काफ़ी दिनों से आईना नहीं देखा है। या फिर दोनों ऐसे दोस्तों के बीच रहते हैं जो उन्हें लगातार मूर्ख बनाते रहते हैं।

ये दोनों फ्रस्ट्रेटेड प्राणी वहाँ से हिलने के लिए तैयार नहीं थे तो फिर मैंने भी आजिज़ आकर गेट खोल दिया। अंदर घुसते ही दोनों की कैसेट फिर अटक गई, "बताओ हममें ऐसा क्या नहीं है जो तुम में है?"

"साले, तुम पहले सिर पर बाल उगाओ और तुम अपने दाँत के बीच का अपना इंडिया गेट बंद करवाओ।" मैंने कहा दोनों से।

तो ये दोस्त जिसे मैंने राजीव माना है और जिसके सिर पर हम ये मानकर चल रहे हैं कि बाल नहीं है, बिदक गया, "साला। तुम ऐसे बात करेगा दोस्त से? मज़ाक़ उड़ाता है मेरा? तुममें ऐसा क्या है जो हम में नहीं है बे?" राजीव

बिल्कुल फ्रस्टिया के बोला।

राहुल, जिसके बारे में हमने माना है कि दाँत के बीच में गैप है, से रहा नहीं गया और कहने लगा, "हाँ, बताना पड़ेगा। नहीं बताओगे तो यहीं जान दे देंगे! हमको बम बनाने भी आता है।"

"कौन-सा बम बे?" मैंने पूछा।

"साले। राजीव गाँधी को जिससे उड़ाया गया था न, हम ही बनाए थे।" राहुल की बकवास जारी थी।

मैं फिर समझ गया कि ये पूर्णरूपेण मस्त हैं। मैंने फिर पूछा कि मुझे क्यों मारना चाहते हो? अपने ऑफ़िस में देखो कोई लड़की और बात करो।

"हम लड़की से बात करेंगे बे! हम? राहुल सिंघम? हम सिर्फ़ प्यार करेंगे। तुम उसको बताओ मेरे बारे में। बताओ कि लड़का बहुत स्मार्ट है। सेक्सी है। देखने में।"

मुझसे रहा नहीं गया, "स्मार्ट? सेक्सी?"

"अबे सुनो यार! बोलने में क्या जाता है। तू बस कहीं से इंतज़ाम कर दे बाक़ी मैं देख लूँगा।" राहुल ख़ुश होकर लेकिन याचनामिश्रित शब्दों में बोल रहा था।

"थोड़ा हम भी देखें!" राजीव बीच में शेयर माँग बैठा।

"पहले हम, तुम 40 साल के बाद। साला, सर पर बाल का उपाय नहीं और लड़की चाहिए इनको। चल भाग यहाँ से। हाँ यार अजीत, कहीं से भी यार, एक बात मिला तो सही! यार कैसे भी। प्लीज़!" राहुल एकदम भावुक हो गया और उसका टोन बदल गया था।

इस बात का असर राजीव पर कुछ यूँ हुआ कि हवा का एक झोंका आया और उसके सिर से लगभग 73 बाल उड़ गए।

"अबे कुछ पैसे ले-ले यार। यार अकेले मन नहीं लगता यार। तू तो जानता ही है यार। प्लीज़, कहीं से भी! एक बार।" राहुल के फ्रस्ट्रेशन का लेवल बढ़ता जा रहा था।

राजीव भी पीछे नहीं था। उसने बोली लगानी शुरू कर दी कि वो मुझे इतने पैसे देगा। मैं बताने की कोशिश कर रहा था कि मैं कोई दलाल नहीं हूँ।

"फिर साला कैसे लाते हो इतनी लड़कियाँ! साला हमें एक नसीब नहीं और तुम साले इंडिया का मैप तो छोड़ो वर्ल्ड मैप में भी कलरिंग शुरू कर दिए। आज तुम्हें जवाब देना ही होगा।" राहुल अपने नशे के चरम पर पहुँच चुका था।

"हाँ हाँ! देना ही होगा।" राजीव ने आज्ञाकारी दोस्त की तरह हाँ में हाँ मिलाई।

मैं उन्हें ये समझाने लगा कि ये हो जाता है। कोई प्लानिंग नहीं है। जैसा वो लोग सोच रहे थे। और मैं कोई दलाल नहीं कि लड़कियाँ सप्लाय करूँ। सबकी इज़्ज़त है। वो ऐसा सोच भी कैसे सकते हैं!

मैं ये सब कह ही रहा था कि राहुल मेरे पैरों पर गिर गया, बायाँ पाँव ख़ाली देखकर राजीव उसमें लटक गया। दोनों रोने लगे कि उन्हें लड़की दिलवा दो जैसे कि मेले का खिलौना हो।

फिर दोनों वहीं नशे में ही सो गए। सुबह जगाया तो दोनों ने इस घटना की सच्चाई पर ही सवाल उठा दिया। अब मैं क्या कह सकता हूँ, कोई रिकॉर्डिंग तो की नहीं मैंने!

## बैचलर लौंडों की रोज़ाना बातचीत से

फ़ेसबुक स्टेटस: "हमारी एक दोस्त हैं... (पाँच सौ शब्द और)"

लाइक : सत्रह, कमेंट : तीन (वॉव, बेहतरीन, क्या लिखा है!)

कमरे पर बातचीत :

"क्या बे? कौन है ये 'हमारी एक दोस्त'? आजकल बहुत दोस्ती कर रहे हो, देख रहे हैं बेट्टा..."

"उसके आगे भी पढ़े थे? पाँच सौ शब्द और भी थे उसमें!"

"अबे बहुत लंबा लिखते हो। उतना कौन पढ़ता है, लाइक तो कर ही दिए थे। तुमने लिखा है तो अच्छा ही लिखा होगा। अब बात मत घुमाओ। कौन है ये लड़की?"

"है एक, ऐसे ही बात हो रही थी तो एक बात से दूसरी बात निकली और... बस यही। बाक़ी तो लिखा हुआ है पोस्ट में पढ़ लो जाकर।"

"बेटा, पढ़ तो लेंगे ही। लेकिन ये ठीक बात नहीं है। कितनी लड़कियों से बात करते हो? कुछ ज़्यादा ही बात हो रही है आजकल!"

"ये क्या बात हुई! हम कितने से भी बात करें! तुम्हें तो नहीं रोका। हमें अच्छी लगी उसकी बातें तो चैट किए। तुम काहे टेंशन ले रहे हो।"

"देखो साले को सत्रह साल की दोस्ती को एक लड़की के चक्कर में किस तरह से ट्रीट कर रहा है! सही है बेटा, हमें टेंशन काहे होगी.... (सन्नाटा तीन सेकेंड का) वो सब छोड़ो, यार हमारी भी सेटिंग कराओ। कोई दोस्त-वोस्त तो होगी ही। उसका प्रो.फ़ाइल देखे थे तुम्हारी पोस्ट के बाद। उसमें ग्रुप .फ़ोटो में बहुत सारी दोस्त हैं उसकी। मिलवाओ किसी से, बात करवाओ..."

"साले यही सब करो! हम आजतक उसका प्रो.फ़ाइल नहीं चेक करने गए और तुम स्टॉकिंग कर रहे हो! साला उस दिन भी .फ़ोटो लाइक कर दिए थे हमारे आइपैड से। क्या सोच रही होगी कि .फ़ोटो ढूँढ़-ढूँढ़कर लाइक कर रहा है। हमारी इज़्ज़त की वाट मत लगाओ। और ये चीप टाइप बात मत कराओ कि सेटिंग करा दो, मिलवा दो..."

"अच्छा! अब हम चीप हो गए। और सुनो, वो बाइक वाला .फ़ोटो इसीलिए लाइक किए थे क्योंकि हमें हार्ले पसंद है। ये नहीं कह रहे कि लड़की पसंद नहीं है, लेकिन क़सम से, बाइक पर लाइक मारे थे। बाय चाँस वो लड़की बैठी थी उस पर। सच कह रहे हैं बे। लेकिन तुम हमको चीप बोले, ये अच्छा नहीं लगा। दोस्त हो, लेकिन बता देते हैं ये अच्छा नहीं लगा वो भी एक लड़की के लिए!"

"हरकत चीप करोगे तो बढ़िया कैसे बोल दें? और ये पहली बार तो किए नहीं तुम। क्या ज़रूरत थी तीन और .फ़ोटो लाइक करने की? उसकी तो छोड़ो, उसके दोस्त की .फ़ोटो को लाइक करने का मतलब था?"

"अबे ख़ूबसूरती को प्रेज़ तो करना ही चाहिए। कोई लड़की बुरा नहीं मानती लाइक का। लाइक के लिए ही .फ़ोटो डालती है। इतना तो तुम भी जानते हो।"

"हम क्या जानते हैं हम पर छोड़ दो। तुम्हारी तरह सेक्सिस्ट अज़म्प्शन नहीं रखते कि लाइक के लिए ही .फ़ोटो लगाती है लड़की। तुम्हारे जैसे वहशी,

दरिंदे माउस पैड पर क्लिक करने के लिए बैठे रहते हैं कि लड़की ने फ़ोटो डाला नहीं कि लाइक कर दिए...''

''हम फ़ोन से करते हैं, माउस पैड नहीं। यहीं पर तुम्हारी बात ग़लत हो गई। खी खी खी...''

''बस हँस दोगे दाँत निकालकर। और तो कुछ आता नहीं। लड़कियों को ऑब्जेक्टिफाय करना बंद करो।''

''अच्छा? डेमोक्रेसी है, वोट करवा लेते हैं कि कौन सेक्सिस्ट है। हाँ जादबजी, हाथ उठाइए... लो भई दो-एक से तुम हार गए। तुम सेक्सिस्ट हो, हम पर इल्ज़ाम मत लगाओ।''

''ठीक है। लाओ मेरा आइपैड, साला बात ही करना बेकार है। किसी दिन ब्लॉक कर देंगे यही हालत रही तो! (आइपैड छीन लिया)''

''अरे दे दो यार, सब-वे सर्फ़र खेलना है। फ़ेसबुक नहीं खोलेंगे, क़सम से... तुम टीवी देखो ना थोड़ी देर!''

''ना भाई, तुम फिर किसी का फ़ोटो लाइक कर दोगे। रिस्क नहीं लेंगे।''

''ऐ! सुनो ना।''

''क्या?''

''यार बात करवाओ ना उसकी दोस्त से, लाल टॉप वाली सही है।''

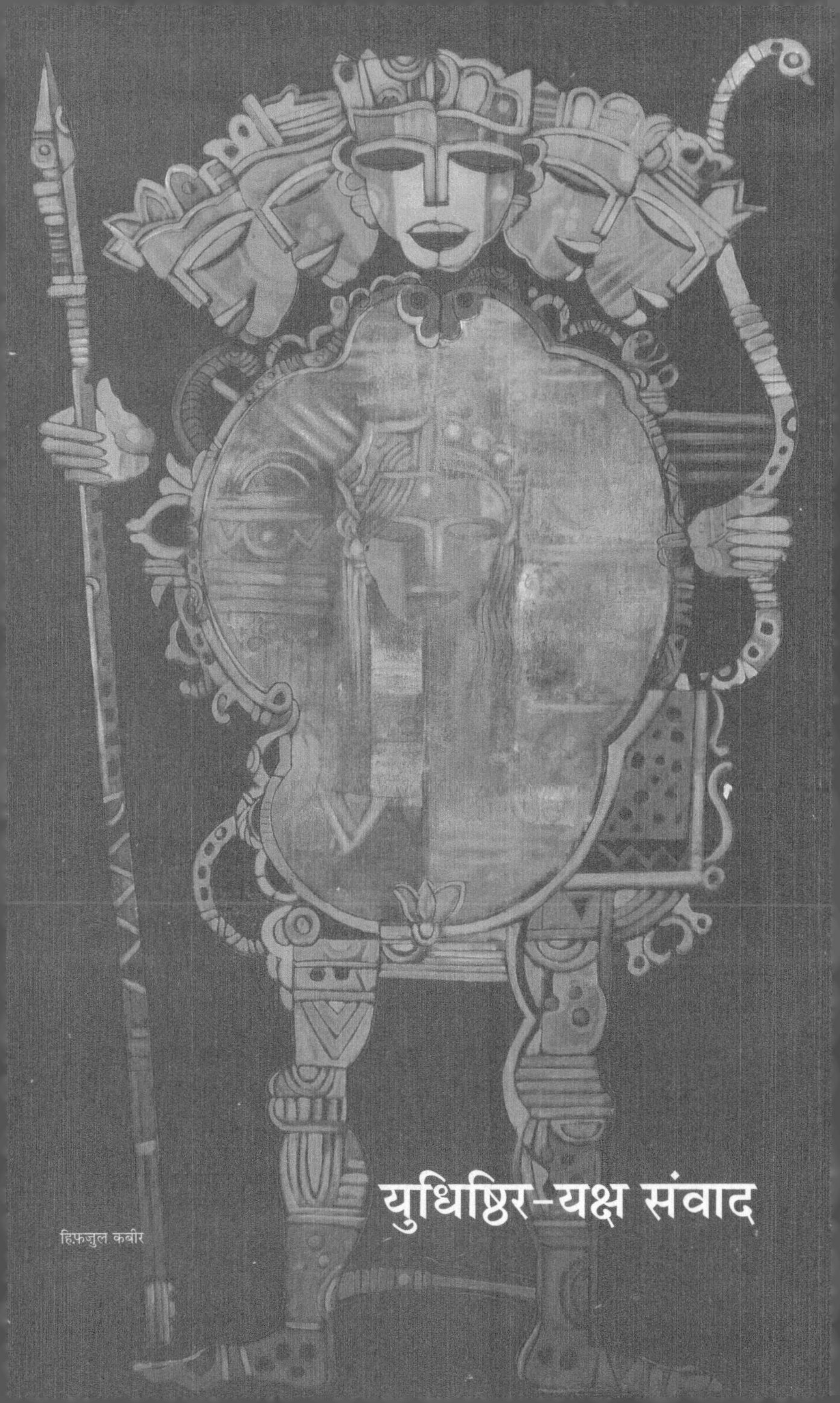

# युधिष्ठिर-यक्ष संवाद

हिफ़ज़ुल कबीर

# विंटर संवाद

*नोट : कृपया जनवरी में ही पढ़ें*

कहते हैं कि जनवरी का महीना था जब माद्रीपुत्र नकुल और सहदेव पानी की खोज में उस तालाब पर गए थे जहाँ से वो काफ़ी देर तक लौट कर नहीं आए।

ज्येष्ठ कुंतीपुत्र युधिष्ठिर को चिंता हुई तो उन्होंने गांडीवधारी अर्जुन को उनकी टोह लेने भेजा। अर्जुन भी नहीं लौटे तो भीम को भेजा। वो भी उधर ही रह गए।

फिर ख़ुद ही चल पड़े। पदचिह्नों का पीछा करके-करते चलने लगे। एक तालाब के पास ही तलवार, गांडीव और गदा रखा हुआ दिखा। थोड़े ख़ुश हुए और आगे बढ़े। पर ये क्या, उनके चारों भाई अचेत पड़े थे तालाब किनारे।

ज्येष्ठ कौंतेय ने चारों तरफ़ देखा तो कोई ना दिखा। फिर प्यास के कारण

पानी में हाथ डाला और डालते ही निकाल लिया, ''बहुत ठंढा है ये तो!''

तभी यक्ष किसी तकनीक से अपने निचले धड़ को अदृश्य किए प्रकट हुआ और बताया कि उसके भाइयों ने उसकी बात का जवाब दिए बिना पानी पिया इसीलिए मारे गए। युधिष्ठिर बड़े विचलित हुए और पूछा- कैसा प्रश्न?

''अरे, यही जेनरल नॉलेज का था। तुम चाहो तो उत्तर दो और किसी एक को जीवित करके ले जाओ।'' यक्ष ने कहा।

यक्ष ने पहला प्रश्न किया तो जवाब सही मिला। दूसरा प्रश्न, फिर सही जवाब। अट्ठारह प्रश्न पूछे और सबका जवाब दे दिया युधिष्ठिर ने। यक्ष सोचने लगा, ''इसने तो सब का उत्तर बता दिया, अब क्या करूँ?''

''तुम अगर इस तालाब में नहा लोगे तो तुम्हारे एक नहीं, चारों भ्राता जीवित हो जाएँगे।'' यक्ष ने कहा।

युधिष्ठिर अपना भाला उठाए और जाने लगे। यक्ष ने पूछा कि क्या हुआ तो युधिष्ठिर ने कहा, ''यार पैसे-वैसे दे नहीं रहे और ऊपर से इतनी ठंढ में नहाने कह रहे हो। ये तो प्रैक्टिकल नहीं है।''

तभी बिजली ज़ोर से कड़की और यक्ष पूरा प्रकट हुआ, ''अगर तुमने इमोशनल होकर नहा लिया होता तो तुम ठंढ से ही मर जाते। लेकिन तुमने इस जनवरी की ठंढ में बिल्कुल प्रैक्टिकल डिसीजन लिया है। जाओ, हम तुम्हारे चारों भाइयों को जीवित कर देते हैं।''

# बी.टेक संवाद

युधिष्ठिर के सामने उसके चार भ्राता मृत पड़े थे। सामने बड़ा तालाब था और प्यास तीव्र हो चली थी। ज्येष्ठ कुंतीपुत्र ने हाथों को मिलाकर पानी में डुबाया कि यक्ष प्रकट हो गए।

यक्ष ने पानी पीने से मना किया और ये भी कहा कि अगर उसके प्रश्नों का उत्तर दिए बिना जल की एक बूँद का भी पान किया गया तो वो अपने भ्राताओं की भाँति मृत्यु को प्राप्त होंगे।

युधिष्ठिर : "द हेल मैन! आइ एम जस्ट हेयर टू हैव सम वॉटर। यू किल्ड ऑल माय ब्रोज़?"

यक्ष : "हे तात्! मैं जानता हूँ आप काफ़ी ज्ञानी हैं और नगर-नगर घूमते हैं। परंतु मुझे आपकी भाषा समझ में नहीं आई। पुनः बताता हूँ कि मैं इस तालाब का स्वामी हूँ और बिना प्रश्नों का उत्तर पाए जल की एक बूँद भी पीने नहीं दूँगा।"

युधिष्ठिर : "क्या हैं तुम्हारे प्रश्न?"

यक्ष : "बी.टेक क्या है और इसे पढ़ने वाले क्या पाते हैं एक डिग्री के अलावा?"

बकर पुराण में लिखा है कि युधिष्ठिर अपने भाइयों को वैसे ही छोड़कर भाग गए।

# कलिकाल में परम सुख क्या है?

युधिष्ठिर ने ज्योंहि तालाब से पानी पीने के लिए अपनी अंजुलि डुबाई कि अचानक एक प्रकाशपुंज चमका और बादशाह नामक रैपर के 'डीजे वाले बाबू, मेरा गाणा बजा दे' की ध्वनि के साथ यक्ष प्रकट हुए।

तीन बार 'बजा दे, बजा दे, बजा दे' की पुनरावृत्ति के बाद यक्ष, जिनका सिर्फ़ धड़ ही दिख रहा था, ने पूछा- "स्सप ब्रो?"

ज्येष्ठ कुंतीपुत्र ने उनके चमकीले आभूषणों वाले वस्त्र को देखा और कहा- "जस्ट हैंविंग सम वॉटर, डूड।"

यक्ष ने कुंतीपुत्र को उसके मृत पड़े हुए चारों भाइयों की ओर इशारा कर के कहा- "हे ज्येष्ठ कौंतेय! तुम्हारे ये भ्राता भी तालाब का जल ही ग्रहण करने आए थे। मैं इस तालाब का स्वामी हूँ और बिना मेरे प्रश्नों का उत्तर दिए तुम ये जल ग्रहण नहीं कर सकते।"

"डूड? लाइक सीरियसली, यू किल्ड देम ऑल? वो भी थोड़े से जल के लिए!" युधिष्ठिर अत्यंत क्षुब्ध होकर बोले।

"हे धर्मराज! मैंने इन्हें रुकने के लिए कहा था पर इन्होंने मेरी बात नहीं सुनी।" यक्ष ने स्पष्ट किया और पूछा, "क्या आप मेरे प्रश्नों का उत्तर देना चाहते हैं?"

अपने मृत भ्राताओं को देखते हुए युधिष्ठिर ने हाँ कह दिया।

"कलिकाल में परम सुख क्या होगा?" यक्ष ने पूछा।

"हे यक्ष, मैं अपने एक परममित्र आलोक (सुरक्षा कारणों से बदला हुआ नाम) का उदाहरण देना चाहूँगा। परम सुख तो तब है जब सरकारी नौकरी हो। जहाँ आप जब मन करे तभी जाएँ या ना भी जाएँ। उस नौकरी पर दोपहर में सरकारी खाना मिले; सरकारी एसी की ठंडी हवा में, सरकारी वाई.फ़ाई के अत्यंत तेज़ स्पीड वाले इंटरनेट पर कंटम्परेरी कवि श्रीयुत् बादशाह रचित, उन्हीं के द्वारा गाया 'डीजे वाले बाबू मेरा गाणा बजा दे' बजता रहे। यही परम सुख है कलिकाल में!" युधिष्ठिर ने कहा।

कहते हैं यक्ष की बाँछें बादशाह का नाम सुनते ही खिल गईं और उसने युधिष्ठिर को न केवल तालाब से पानी पीने दिया बल्कि चारो भाइयों को जीवित कर, कैंट का एक वॉटर (या हॉट चिक एक्सेन्ट में 'वॉट-अ') प्यूरिफ़ायर जो देता है सबसे शुद्ध पानी, भी पार्टिंग गिफ़्ट के तौर पर दिया।

## माता का जगराता : दिल्ली से लाइव

दिल्ली में हर काम लगभग धंधा हो जाता है। काम–धंधा वैसे तो सहचर शब्द हैं पर काम से अलग धंधा बहुत ही गंदा अर्थ देता है। मानिए या नहीं, हमें पूर्वाग्रह से ग्रसित कह लीजिए कि दिल्ली में बिहारी एक गाली है इसलिए मैं ऐसा मानता हूँ। पर लगभग आधे लौंडे, तमाम सोसाइटीज़ और कॉलोनीज़ में देखने में एक से होते हैं और किसी तरह से मुफ़्त का पैसा हाथ लगे इस विचार में रहते हैं।

पूछिए कैसे? अगर पूछ रहे हैं तो आप दिल्ली में नहीं रहे हैं। जगराता जो है वो दिल्ली के इन कामचोर लौंडों के लिए, जो कमर से सरकती जींस और पेट को किसी तरह समेटती शर्ट को पहनकर ख़ुद को डूड समझते हैं, मुफ़्तख़ोरी का सीज़न होता है। काम इन्हें है नहीं। कॉलेज जाना नहीं। स्कूल में पढ़ते नहीं। दिन भर टंडेली छाँटते हैं और प्रॉपर्टी डीलर बापों की छोटी दुकानों में दलाली और कमीशन का मतलब सीखते हैं।

आप कहिएगा हम जेनेरलाइज़ कर रहे हैं लेकिन फिर वही बात, आप

दिल्ली में रहे नहीं है ना! जगराता चार बार होता है साल में और यही एक शहर है जहाँ चारों बार मनाया जाता है। बिहार और बंगाल जहाँ दुर्गा पूजा बहुत धूमधाम से मनाया जाता है वहाँ भी ज़्यादातर जगहों पर एक बार और कुछ एक जगहों पर दो बार नवरात्र मनाए जाते हैं। लेकिन राजधानी है और इसे अपनी बपौती मानने वाले, यूपी-बिहार वालों को गरियाने वाले, सन् 1971 के रिफ़्यूजियों की दूसरी और तीसरी पीढ़ी, जिसे मुफ़्त में पच्चीस और पचास गज़ ज़मीन दी गई थी, वो लोग दिल्ली में ख़ुद को बाबर तो छोड़िए महाभारत काल के समय से होने के बराबर छाती फुलाकर 'ऐ बिहारी, बहन के...' दाँत निपोड़ देते हैं। इनकी बहनों और माँओं के बारे में मैं टिप्पणी नहीं करूँगा पर हमारे तरफ़ तो लड़कियों के... नहीं होते।

जब दिल्ली बाप की ही है तो सारे त्योहार भी मनाएँगे। ना-ना, इसमें हमको दिक़्क़त नहीं है। दिक़्क़त आगे है। जगराता का पूरा अपना अर्थशास्त्र और मनोविज्ञान है। चार लोहे के खंभे, एक ढिच्चिक-ढाँय करता म्यूज़िक सिस्टम, दुर्गा माँ का एक पोस्टर, चार चुन्नियाँ, चारों खंभे और छत के लिए कपड़ा, और तीन चार चिरकुट लड़के जिन्हें माँ-बाप ने गाली देकर भगाया है घर से।

ये इंतज़ाम एक-एक छोटी कॉलोनी में तीन-तीन जगह हो जाता है। लाउडस्पीकर चीख़ता रहता है नौ दिन और माता हैं कि जगती ही नहीं! काहे जगेंगी, उनको पता है कि इनकी श्रद्धा यहाँ कम और दानपेटी पर ज़्यादा है। बीस दिन पहले से हर घर के हर फ़्लोर से पाँच-दस-पचास-सौ-पाँच सौ तक चंदा लेते हैं और गाना बजाते रहते हैं।

हर गली के फ़लानवें नंबर जगराता के टेंट में माता के कुछ भक्त अपने धार्मिक होने का सबूत गला-फाड़ गायन और बजावन करके कर रहे हैं। कबीर दास ने बिल्कुल सही कहा था, "चूतियो, भगवान बहरा नहीं है।"

ज़्यादातर गाने (तथाकथित भजन) आइटम सॉन्ग्स के तर्ज़ पर होते हैं, इसीलिए न चाहते हुए भी गली के बच्चे एन्जॉय करने लगते हैं। उन्हें म्यूज़िक जाना-पहचाना लगता है। जल्द ही कोई महान गायक श्री यो यो हन्नी सिंगऽ के गानों पर भजन लिखे। जैसे कि:

*माता नी तेरे*
*सोने रंग ने*
*भगत रमते*
*सारे मेरे टाउन दे*
*या फिर कुछ ऐसा:*
*प्यारी अँक्खा मनमोहक तेरी खींचदी ए मैनू*
*तेरी कस्म, लाल चुनरी में किन्नी प्यारी लगदी मैनू*

इससे पूरी सोसाइटी को फ़ायदा होगा। बच्चे अनजाने में धार्मिक हो जाएँगे। उन्हें लगेगा वो हन्नी सिंगऽ को गा रहे हैं लेकिन मैय्या चुपके से उन्हें अपने शरण में ले लेंगी। वैसे भी बच्चे तो भगवान का रूप होते हैं और जब वो एक-दूसरे को 'बहन के ...' कहते हुए हँस देते हैं तो इतना प्यार उमड़ता है कि क्या कहूँ! ऐसे बच्चों को मैया को ज़रूर लेना चाहिए शरण में।

कबीर दास सही आदमी थे। वैसे मेरे सर्टिफ़िकेट देने न देने से उन्हें कोई फ़र्क़ नहीं पड़ेगा। इस तरह गलियों, सड़कों और सोसाइटियों में होने वाले धार्मिक आयोजनों से हमारे जैसे लोग जो धार्मिक होना चाहते हैं, वो और दूर भाग जाते हैं। नास्तिकों की हो रही वृद्धि में सबसे बड़ा हाथ इसी 'आइटम भक्ति' का है। बताइए ज़रा कि आइएस का मेन्स लिखने वाला परीक्षा में क्या लिखेगा? परीक्षा के नज़दीक आने पर ही पढ़ने वाले विद्यार्थियों को कैसा फ़ील हो रहा होगा! वो फ़ेल होगा तो भगवान को ही कोसेगा।

"मैयाजी इधर को आई, ओ भगतो, तेरे लिए" चलने लगेगा कभी तो कभी, "माँ दे नाम की माला, जपेगा कोई दिलवाला" क्या बात है! गहरा अर्थ! तीसरा सुन लीजिए, "काली कमली वाला मेरा यार है, मेरे मन का मोहन तो दिलदार है।"

बताइए! लेकिन फिर वही बात है कि हम ठहरे बिहारी और बिहारी का मतलब रिक्शा चलाने वाला। तो रिक्शा चलाने वाले को भक्ति का क्या पता होगा, भक्ति वही है जो राजधानी के सपूत करते हैं। हम-आप तो रमता यूपी, बहता बिहारी हैं। आज यहाँ, कल वहाँ। चलिए, व्रत वाला चिकन खाया जाए। बाक़ी जो है सो, त हइए है।

# व्रत वाले चिप्स, व्रत वाली चाट

दिल्ली के जगराता का तो आइडिया हो गया होगा आपको पिछले अध्याय में। अब आपको एक और विचित्र बात बताते हैं। हमारे घरों में माताजी, बहन आदि व्रत रखती हैं। व्रत कई तरह के होते हैं। जैसे कि निर्जला, जिसमें दिन भर पानी तक नहीं पीना होता है। अनोना, जिसमें भोजन कर सकते हैं पर नमक नहीं होना चाहिए। और सामान्य फलाहार, दुग्धाहार या सिर्फ़ उपवास।

उपवास का मतलब तो वैसे आत्मा के पास आवास है पर लोग सुबह से शाम तक ख़ाली पेट रहते हैं ताकि उनके शरीर का ध्यान ईश्वर अराधना में रहे। और भी कई फ़ायदे बताए गए हैं पर मूलतः मानिए कि लोग खाते नहीं हैं दिन में।

अब आइए दिल्ली। यहाँ लोगों को कूल भी बनना है और व्रत भी रखना है। अभी तक का जो मेरा रिसर्च रहा है उससे यही तथ्य सामने आया है कि लगभग तिहत्तर प्रतिशत लड़कियाँ और महिलाएँ, क्रमशः दिखावे और पतियों के दवाब

में या डर के मारे व्रत रखती हैं। (पुरुषों पर भी रिसर्च है, आगे पढ़िए) कॉलेजों में अब व्रत नहीं रखने वाली लड़कियाँ कूल नहीं रहीं। अब 'सिटिंग-ऑन-कमोड-रीडिंग-फ़ैशन मैगज़ीन-मॉडर्निटी' का स्टेटस, 'शी-इज़-स्मोकिंग हॉट-बट-कीप्स-फ़ास्ट' वालियों से नीचे चला गया है। फ़र्ज़ी माडर्निटी पर फ़र्ज़ी कल्चर-सैवी कन्याएँ भारी पड़ने लगी हैं। तो व्रत का प्रचलन है।

यहाँ तक तो ठीक है कि व्रत रखूँगी। लेकिन बारह बजते-बजते जो ऐंठन शुरू होती है कि बाप रे बाप! नानी याद आ जाती है। तो क्या करें? करना क्या है जी ये एक ज़रूरत है और नेसेसिटी इज़ द मदर ऑफ़ इन्वेंशन। तो एक पूरी इंडस्ट्री खड़ी हो गई है: व्रत के व्यंजन।

ऐसे ही एक समय में हम गए थे ग़ुलाम अली का कन्सर्ट देखने। पहले पहुँच गए थे तो वहाँ लगे टिक्की के ठेले पर जाकर एक चाट माँगा और खाने लगे। नवरात्रों का समय था। एक मोहतरमा आईं और बोलीं, "भाँयाँ (भैय्या का 'कूल' अपभ्रंश या भ्राता का कूल तद्‌भव)... भाँयाँ? आप क्या व्रत वाला चाट बना दोगे? आई मीन आलू हैं आपके पास व्रत वाले?"

ठेला वाला हमारा मुँह ताकने लगा। नया लौंडा था उसको कस्टमर हैंडल करने का ज्ञान नहीं था लेकिन मौक़े पर उसके चाचा आ गए, "हँ... हाँ... हाँ मैडम, आलू तो व्रत का ही है। नवरात्रों में तो बस व्रत का ही बनाते हैं हम लोग।"

मैडम ने लिया और बड़े चाव से खाने लगीं। हमारा कमीना दिल बार-बार हमसे कहे कि पूछ लो कैसा लग रहा है, माता शैलपुत्री से सीधा संपर्क हो रहा है कि नहीं 'व्रत वाले चाट' से? फिर सोचे कौन बोले। साला इतनी भीड़ है, भीड़ बिना पूछे चूतड़ की हड्डी तोड़ के वेल्डिंग कर देगी।

अब आप दिल्ली के किसी भी छोटे या बड़े मार्केट में जाइए, नवरात्र शुरू होने से पहले ही बड़े-बड़े बोर्ड लग जाते हैं: नवरात्र के लिए स्पेशल (बहुत जगह सपेशल) व्रत के सामान। और दुकानों के अंदर छोटी तख़्तियों पर लिया होता है: व्रत के चिप्स, व्रत के पकौड़े, व्रत की टिक्की, व्रत की चाट, व्रत की थाली...

नहीं मानते तो देख आइए ख़ुद हम क्या फ़र्ज़ी लिख रहे हैं? और पुरुषों

का तो ये हाल है कि पूजा पाठ करके आएँगे ऑफ़िस और कहेंगे व्रत है। लंच टाइम में इनका जो टिफ़िन निकलता है वो आम दिनों से बड़ा होता है। उस टिफ़िन बॉक्स में व्रत के फल, व्रत का नमकीन, व्रत की भूंजी हुई मूँगफली, व्रत के पकौड़े... लगता है कि साला व्रत का नहीं चखना का सामान है, बस 'व्रत की दारू' लाने की ज़रूरत है।

वैसे अभी तक तो दिखी नहीं पर अगले नवरात्र तक 'व्रत का पिज़्ज़ा' और 'व्रत का केएफ़सी बकेट' ना आने लगे! उन्हें भी तो सरवाइव करना है भाई! ख़ैर हम चले व्रत का मटन खाने क्योंकि इन दिनों मुर्ग़ा-मीट का दाम घट जाता है! बाक़ी त जे है से त हइए है!

# मकर संक्रांति और दही-चूड़ा का आनंद

14 को है या 15 को पता नहीं। दही-चूड़ा का असली आनंद गाँव में ही आता है या फिर अपने घर में। मदर आ' फ़ादर डेयरी के दही में 'वो' बात तो छोड़िए, कोई भी बात नहीं। लगता है कि टेस्ट ट्यूब में बनाया है। कूल डूड और हॉट चिक लोग के लिए बता दें कि 'दही-चूड़ा', मकर संक्रांति के पर्व का दूसरा नाम है।

अगर दही-चूड़ा की जगह चूड़ा-दही बोल दिए तो लोग मज़ाक़ उड़ा देंगे। काहे कि दही-चूड़ा का मतलब है थाली में दही ज़्यादा, चूड़ा कम लेकिन चूड़ा-दही बोल दिए तो उल्टा हो गया। समझे? अब कूल डूडन की समस्या ये होगी कि साला, ये चूड़ा क्या चीज़ है! तो डूड भिया औ' चिक दीदी, चूड़ा 'बीटन राइस' को कहते हैं और दही है कर्ड या योगर्ट।

काफ़ी प्रॉबेबिलिटी (आती है अंग्रेज़ी भाई), हाँ काफ़ी प्रॉबेबिलिटी है कि

आपने शायद चूड़ा देखा भी ना हो या सीधा अपने सीधे माँ-बाप को 'यक! व्हाट इज़ दिस' बोलकर निकल गए हों। तो गूगल कर लीजिए। हाँ गूगल! हिंदी में लिखते हैं तो क्या इतना भी पता नहीं होगा कि गूगल क्या है!

ख़ैर, गाँव में जब होते थे तो माता जी की एक ही रट होती थी, "अरे एक जनवरी को ही नहाए हो, आज तो नहा लो। पर्व का दिन है बेटा।" "नहीं नहाए तो क्या होगा?" हम पूछते थे तो भाभी का जवाब होता था कि शादी नहीं होगी फिर। "तो फिर सरसों तेल लगाकर नहा लेते हैं, धूप भी नहीं है, बहुत ठंढ है रे बाप!" भाभी की चुटकी, "तो भैया! बीवी काली मिलेगी!" अब काली बीवी का झंझट भी हम झेलने को तैयार हो जाते थे। नारीवादियों को चेताया जाता है कि उस वक़्त हमारी उम्र तेरह-चौदह साल रही होगी इसीलिए यहाँ अपना काला-गोरा वाला पतीला ना ख़ाली करें।

"छोड़ो ना, काली से हम शादी कर लेंगे लेकिन नहाएँगे नहीं।"

"आज नहीं नहाए तो खाना नहीं मिलेगा, घर में इस पापी को घुसने नहीं देंगे। बता दे रहे हैं," छोटी बहन धप्प से बोलती थी। और किचन से आलू-गोभी की सब्ज़ी की ख़ुशबू इतनी मादक आती थी कि खाना मिस करना मुनासिब नहीं था। फिर सात बजे सुबह में माताजी के बार-बार पुचकारने पर, "अरे चापाकल से गर्म पानी आता है, जाओ भाभी पानी भर देगी। नहा लो। जाओ...।" हम नहा लेते थे।

फिर वो कँपकँपाहट कि हमारी माताजी को अपराधबोध (गिल्ट फ़ीलिंग) होने लगता था कि बेकार नहाने बोल दिया कहीं मर-मरा ना जाए! तुरंत छोटे भतीजे-भतीजियाँ, जो हम से घंटे भर पहले नहाए होते थे, आग जोड़ देते थे एक कोने में, "आओ चाचाजी, आग ताप लो।"

उसमें फिर तिल के पौधे जलाए जाते थे जिसे तिलाठी कहते हैं हमारी तरफ़। ये एक परंपरा है कि उसे आग में जलाकर हाथ सेंकने से सर्दी नहीं लगती। अब उसका असर हो या प्लेसिबो इफ़ेक्ट, सर्दी नहीं लगती थी।

सब्ज़ी तैयार करना ही एक काम होता था उस दिन किचन में क्योंकि दही अपनी गाय के दूध से रात की जमाया हुआ होता था और चूड़ा अपने खेत के सुगंधित चावल का कूटा हुआ तैयार। थाली लेकर बैठ जाइए आँगन में पालथी

मारकर। हमारे गाँव में अभी डाइनिंग टेबल नहीं पहुँचा है। फ़र्श पर बैठकर खाते हैं और प्रभु के गुण गाते हैं, बोलो राधे-राधे! बोलो ना रे! राधे-राधे...

चूड़ा पहले भिगा लीजिए पानी में ताकि नर्म हो जाए नहीं तो पेट में चुभता है और बाद में फैलता भी है। चूड़ा का एक लेयर, फिर उस पर जमे हुए दही का थक्का। थक्का ऐसा सॉलिड की ज़मीन पर रख दो तो फैले नहीं। फिर चीनी या मिट्ठा (रबा वाला गुड़) डाल दीजिए। बचपन में चीनी को दही के ऊपर घुलता देखने में थोड़ा टाइम ज़रूर जाता था।

साइड में एक कटोरी में सब्ज़ी, एक में तिल के लड्डू, तिलबा, तिलकुट आदि। अब चालू हो जाइए लपालप हाथ से सानते (मिलाते) हुए। उस दिन की सब्ज़ी में माताएँ क्या विशेष डालती हैं पता नहीं लेकिन वो आलू-गोभी की सब्ज़ी बेहतरीन होती है।

एक और परंपरा निभाई जाती है उस दिन। घर की महिलाएँ आपको गुड़, काले-सफ़ेद तिल और चावल को मिलाकर बनाए एक सिद्ध प्रसाद को भी खिलाती हैं और तीन बार पूछती हैं, ''बोय्ह देभीं न?'' और आपको कहना होता है हाँ। इसका मतलब (शायद) ये होता है कि महिलाएँ पूछती हैं कि वृद्धावस्था में मेरी सेवा करोगे ना! और ऐसा सिर्फ़ उसी दिन नहीं होता, चूँकि ये प्रसाद ठंढ में ख़राब नहीं होता तो पंद्रह दिन बाद भी अगर ननिहाल गए तो नानी और मामी भी खिलाती हैं। और आप मज़ाक़ में भी 'नहीं' नहीं कह सकते। फ़ॉर्मल टाइप पूछना होता है और उत्तर भी हाँ ही में देना होता है। सीधी बात है कि वो हमारे लिए इतना करती हैं तो हमारा इतना फ़र्ज़ है कि हम उनकी वृद्धावस्था में उनका ध्यान रखें और सेवा करें।

मकर संक्रांति के दिन से शुरू हुआ दही-चूड़ा का नाश्ता तब तक चलता है जब तक माताओं का मन नहीं ऊब जाता। सुबह में नाश्ता तैयार करने से थोड़ी फ़ुरसत मिलती है उन्हें इस ठंढ में और तिल का सेवन शरीर को अच्छी-ख़ासी गर्मी देता है।

तो अगर शहर में हमारी तरह आप ठोकर खा रहे हैं माँ-बाप को छोड़कर तो सुबह नहा लीजिएगा और दुकान से ही सही लेकिन दही-चूड़ा खाइएगा ज़रूर।

# होली दिल्ली की : कल और आज

दिल्ली में होली जो है पारिवारिक लोगों के लिए, ख़ासकर जो इज़्ज़तदार लोग होते हैं और जिनके घर में जवान बेटी हो, बाथरूम की जगह बालकनी में (कपड़े पहनकर) नहाने तक सीमित है। बेटी थोड़ी हुड़दंगी है तो माँ-बाप और उसका छोटा भाई मोटर चलाकर लगातार पानी फेंकते रहते हैं आने-जाने वालों पर। ये बात ग़ौरतलब है कि जवान बेटियों के साथ एक छोटा भाई ज़रूर होता है और पापा क़सम, अगर उसके बैलून फेंकने पर आपने कुछ भी बोला तो उसकी शांत, कोमल और ख़ूबसूरत बहन चंडी का रूप धारण कर लेती है!

ख़ैर, हमारी नौंवी होली थी दिल्ली में। शुरूआत में (2004) सैनिक स्कूल के तमाम सीनियर, दोस्त और जूनियर मिलकर मिनी-तिलैया बनाते थे और कीर्ति जी के छत पर जोगीरा चलता था। हम क्रियेटिव लोगों में शुमार थे। सो

हमें गंदी (आप सोच नहीं सकते कितनी गंदी) कविताएँ लिखने और पढ़ने बुलाया जाता था। खेमा बँट जाता था: सीनियर्स+सुपर सीनियर्स बनाम जूनियर्स ऐंड न्यू कमर्स। लगभग पंद्रह बैच के लोग हो जाते थे।

उस दिन सीनियर्स के गर्लफ्रेंड लोगों का नाम लेकर वो गालियाँ रसीद की जाती थीं कि आ हा हा! लुत्फ़ आ जाता था! जूनियर्स की गर्लफ्रेंड को माफ़ किया जाता था क्योंकि सीनियर ख़ुद को 'जेठ' समझते थे।

छत पर भाँग वाला हरियरका (ग्रीन) पुआ और सीएसडी की दारू, जितनी खा-पी सको, सीनियर लोग प्रचुर मात्रा में उपलब्ध कराते थे। लौंडे बहुत पीते थे। एक बार हमारा दोस्त निशांत दारू पीकर ख़ुद को हेलीकॉप्टर समझने लगा और बीच सड़क पर एक टाँग पर खड़ा होकर, दोनों हाथ फैलाकर, फ़ुल स्पीड में इस उम्मीद से गोल घूमता था कि शायद उड़ जाए। बहरहाल, वो कभी उड़ तो नहीं पाया कपार (माथा) फोड़वाया सो अलग।

ये तो माज़ी की बातें हैं। फिर भी एक वाक़या सुनाने की बहुत इच्छा है। हुआ यूँ कि छत पर हम सबने पानी ब्लॉक करके पूल बना लिया था हर साल की तरह और उसमें प्राइवेट में जोगीरा और अश्लील कविताएँ पढ़ी जा रही थीं। बग़ल की छत से लोग कभी-कभार बैलून मार देते थे। हम उसे एप्रीसीएशन मानकर जवाबी फ़ायरिंग करते थे।

यहाँ तक मामला ठीक था कि तभी किसी हरामख़ोर ने हमारे एक सीनियर पर अंडा मार दिया। ये बात इज़्ज़त पर आ गई। वो सीनियर दौड़ते हुए नीचे गए। हमें लगा कि धोके आएँगे सालों को। सो हमलोग अपनी महफ़िल चालू रखे रहे। पाँच मिनट बाद सीनियर दो कैरट अंडा लेकर आए और बोले, "मारो हरामख़ोरों को!" अब सीनियर ने आदेश दे दिया तो उसका अक्षरश: पालन होना ज़रूरी था। उस छत पर हमने वो तबाही मचाई, वो रगेद-रगेद के, दबाड़-दबाड़ के, सीट-सीट के वो अंडे मारे कि उसने अगली होली तक डर के मारे ऑमलेट नहीं खाया होगा।

ये तो थी पुरानी होली। अब आइए इस साल की होली पर। उन्नीस साल का अंग्रेज़ी साहित्य पढ़ने आया लौंडा जिसे लड़की से पानी माँगने में झिझक होती थी वो अब अट्ठाईस का जियोवानी कासानोवा हो गया था। परमहंस की

अवस्था को प्राप्त, नरों में नारायण हम, स्वयं हम, दिल्ली की जानी-पहचानी गलियों में होली खेलने निकले।

पहले सोचा गया कि ड्रेस क्या होगा? अलमीरा के सबसे निचले खाने में पिछले साल की होली खेली हुई जींस मिली। पिछली साल का लाल अबीर बता रहा था कि हमने होली खेलकर उसे सुखा दिया (धोया नहीं) था ये सोचते हुए कि ये फेंक दूँगा या कोई माँगने आएगा तो दे दूँगा। दोनों में कुछ नहीं हुआ। वो सहेजकर रखा हुआ था।

हमारी बाँछें खिल-खिल गईं। जींस निकाला तो देखा कि घुटने पर फटी हुई है। दिल बैठ गया सोचा कि फटी जींस कैसे पहनूँगा, आजतक नहीं पहनी। पिताजी के ज़माने से अपने ख़रीदने लायक़ होने तक ऐसी ग़रीबी कभी नहीं आई कि हमने फटी जींस पहनी हो। जींस वन पीस, विदाउट ऐनी डिफ़ेक्ट पहनी है।

तभी ध्यान आया कि अमीर घरों के लौंडे तो फटी जींस ही पहनते हैं और उसके दोस्त उसको देखकर कहते हैं, ''स्वैग।'' हमें बिल्कुल नहीं पता क्या होता है स्वैग पर 'कूल ब्रो' कहना अब आउट ऑफ़ फ़ैशन हो गया है। अंदाज़ा ये लगाया कि फटी जींस ग़रीबी नहीं 'कूल' होने की निशानी है!

हमने पहनी फटी जींस और हो गए कूल। स्कूल से लाई हुई एक ग्रीन बैरे रखी थी। लगा ली सर पर, बाल लंबे थे। सोचा बाल भी बचेंगे और कूल-का-कूल दिख लेंगे।

निकल पड़े गाँधी विहार की गलियों में। और जब आप दिल्ली की सोसाइटीज़ में होली खेलते हैं तो आपका मन हो या ना हो, लड़कियाँ और निकम्मे, डरपोक लौंडे (जिसे बिहार में मौगियाह छौरा कहते हैं) बालकनी से पानी फेंकेंगे और खीं-खीं-खीं करके हँसेंगे कि बहुत बड़ा तीर मार लिया। मैं तो ग्यारह साल से इसी में भीग रहा हूँ।

होली में सब बिना 'बुरा ना मानो होली है' कहे बग़ैर, जान ना पहचान, सत्तर एमएम की स्माइल के साथ पानी और ग़ुब्बारे मारते रहेंगे। समाजवाद हो जाता है एकदम। क्लास, स्टेटस, चिरकुटई, लिंग सब का भेद ख़त्म हो जाता है। लोग बस लोग होते हैं और आमतौर पर कोई बुरा नहीं मानता।

लौंडे शर्ट फाड़कर कुढब-सी तोंद दिखाने में कोई संकोच नहीं करते। सोचते हैं कि आज तो गुलाल है, आज तो जिस पर वर्षों से लाइन मार-मारकर परेशान किया है वो भी नहीं पहचान पाएगी। और लड़की की शर्म नहीं तो फिर दुनिया की कोई चीज़ एक लौंडे को लजा नहीं सकती।

हम पानी सहते हुए अलख के कमरे पर पहुँचे अमित के साथ। वहाँ अलख को पिछले साल का रंग मिल गया। बोला कि इसको बाल्टी में घोल लिया जाए और आते-जाते छोटे बच्चों को पकड़-पकड़ के नहलाया जाय और माँ-बहन की गालियाँ सुनी जाएँ। दिल्ली के छोटे-छोटे बच्चे वो वो गालियाँ देते हैं कि मन प्रफुल्लित हो जाता है। हमने कहा, "नहीं यार, तपेश के कमरे पर चलो मुखर्जीनगर और वहीं से परममित्र जादबजी के घर हो आएँगे।"

रूम से निकले कि देखा कि तीन महिलाएँ अपने दुपट्टे का कोड़ा (भींगे दुपट्टे को मचोड़कर गूँथ लिया था) बनाकर कुछ लौंडों को खदेड़-खदेड़कर पीट रहीं थीं। मेरा नारीवादी मन प्रसन्न हो गया। फिर याद आया कि शायद सब लौंडों को न धो रही हो। ग़ौर किया तो पाया कि सिर्फ़ तीन हरामख़ोर थे जिन्होंने होली के नाम पर कुछ किया होगा। हमने बिना जाने उन्हें चार-पाँच गालियाँ रसीद कर दीं। भला हो कि उन्होंने सुनी नहीं।

पैदल लगभग एक किलोमीटर का रास्ता है और पूरे रास्ते में अपने छतों से लोग हमारे स्वागत में कभी पैर पर, कभी गर्दन पर, कभी सर पर ग़ुब्बारे मारते रहे। तपेश के कमरे पर पहुँचे तो उसके ऊपर रहने वाली मोहतरमा ने ऐसे पानी डाला मानो हमारा उनका तीन साल से कोर्टशिप चल रहा है और प्रेमातिरेक में वो पानी डाल रही हों।

नारीवर्ग होली में काफ़ी इमेंसिपेटेड फ़ील करता है। होली के दिन वो चुन-चुनकर, चाहे आप ज़ोर से गाना बजाते हों, जाने अनजाने लाइन मारते हों, फूहड़ कमेंट करते हों, बदले लेती हैं और चेहरा दिखाकर 'गिगल' करती हैं। सदके जावाँ ऐसी गिगलिंग पर। मन करता है कि वो पानी डालती रहें और हम नीचे बिना कुछ बोले भींगते रहें। उनकी घृणा भी प्रेम की 'ड्रिज़ल' लगती है।

हमें देखकर हँसी, हम भी हँसे (साला कभी देखा तक नहीं था उसको, लगा कि वर्षों की जान पहचान है। प्यार अंधा होता है!) कि तभी बग़ल की बालकनी

से छोटे-छोटे मासूम दिखनेवाले कमीने बच्चों ने टीप-टीप कर ग़ुब्बारे मारे। और वो... आ हा हा हा! वो बस हँसती रही। हँसती रही।

अलख ने कहा, "हँस मत पगले, प्यार हो जाएगा!" साथ में भद्दी गाली भी दी। दोस्त है इसीलिए गलियाता है, ये उसका हक़ है जो मैं मार नहीं सकता। फिर डिसाइड हुआ जादबजी के यहाँ चला जाए।

जादबजी हमेशा कहते हैं कि उनका घर 'गर्ल्स हॉस्टल' वाली गली में है। इससे पिछले साल का एक वाक़या याद आया। जादबजी बहुत ही सहृदय और प्रेम के रस में डूबकर रहने वाले व्यक्ति हैं। अलबत्ता बालकनी में सिगरेट पीना और ज़ोर-ज़ोर से ग़ालिब की शायरी पढ़ना उनकी आदतों में शुमार है। उनका सोचना है कि ऐसा करने से लड़कियाँ मोहित हो जाती हैं और प्रेमपाश में बँध जाती हैं।

यहाँ पर 'ऑथर्स कमेंट' के ज़रिये ये बता दूँ कि दोनों के बालकनी में पचास मीटर की दूरी है और जादबजी का काला चेहरा लड़कियों को कभी नज़र नहीं आया होगा। दूसरी बात, अपने निजी अनुभव से बता दूँ कि ग़ालिब समझकर इश्क़ करने वाली लड़कियाँ ख़ुद ग़ालिब के ज़माने में भी नहीं थी। हाँ, ये बात और है कि एक तवायफ़ उन्हें बहुत चाहती थी। लेकिन कला की क़द्र और समझ रखने वाले को या तो पागल, शराबी या तवायफ़ ही क़रार दिया जाता रहा है।

तो भैया शेर-वेर ना तो उन मोहतरमाओं को कभी सुनाई पड़ा। ना ही उन्हें समझ में आता। ख़ैर, पिछले साल जादबजी ने एक नायाब तरीक़ा सोचा 'फ्रेंडशिप' की शुरूआत का। बोले, "अबे होली है यार, मैडम लोगों को विश करना तो बनता है। क्या पता मन-ही-मन हम पर मरती हों। हम साला ये मलाल लेकर नहीं जी पाएँगे कि कोशिश नहीं की। कुछ किया जाए।"

कुछ करने के नाम पर जो हुआ वो लौंडों के प्रेम के इतिहास में इस 'स्केल और वज़न' के साथ कभी नहीं हुआ होगा। पत्थर के टुकड़े में प्रणय निवेदन तो आम बात है। एसएमएस का कॉन्सेप्ट यहीं से तो आया।

जादबजी और उस फ़्लोर के पाँच लड़कों (लंबी वाली तेरी, कर्ली हेयर वाली मेरी टाइप के) ने गुजिया का एक किलो का पैकेट लाया और उसमें एक

सस्नेह, शुद्ध हिंदी में मित्रता का निवेदन किया। डिब्बा पैक हुआ। और पचास मीटर दूर उस बालकनी में 'फेंक दिया गया'।

जी आपने सही पढ़ा। एक किलो का गुजिया का पैकेट, लेटर के साथ, एक बालकनी से दूसरी बालकनी में फेंक दिया गया। जी हाँ, लड़के डेसपेरेशन में ऐसी हरकतें करते हैं। ये आम बात है। थोड़ी देर बाद एक लौंडा गुजिये का एक पैकेट लेकर आया। खोला गया। उसमें एक लेटर था, जिसमें लिखा था:

"Happy Holi to you too. आपलोगों का बहुत धन्यवाद परंतु हम इसे स्वीकार नहीं कर सकते। At least not in this manner. Anyway धन्यवाद।"

और उस पत्र में लड़की ने स्माइली, फूल-पत्ते और तमाम कलाकारियाँ की हुई थीं, मानो बारहवीं क्लास का प्रोजेक्ट वर्क हो। साबित होता है कि उनमें से एक लड़की (कम-से-कम एक) क्रिएटिव बैंट ऑफ़ माइंड रखती थी। आगे इन लौंडों की हिम्मत नहीं हुई बात आगे बढ़ाने की। जबकि साफ़-साफ़ इंडिकेशन था कि मैनर ग़लत है बाक़ी 'दिल लेना, दिल देना, सौदा खड़ा-खड़ा'।

आज जादबजी बालकनी में बीयर की बोतल मुँह में लगाए मस्त से 'रंग बरसे' पर नाच रहे थे। ऊपर गए और अबीर-गुलाल मला, गले मिले, छींटाकशी हुई, फ़ोटो-वोटो लिए और डिसाइड हुआ कि मुखर्जीनगर के तमाम कूचों को पाट दिया जाए।

हम क़रीब आठ लड़के हो गए और हर गली को ये मानकर (फ़र्ज़ी का कहकर भी) घुसे कि इसमें गर्ल्स हॉस्टल है। औ' भगवान झूठ ना बुलाए साला एक भी हॉस्टल नहीं मिला। ऊपर से बाथरूम का पानी, बच्चों की हाइटेक पिचकारियाँ, और इक्की-दुक्की प्रेमपिपासु लड़कियों का मुस्कुराकर अपनी ओर आकृष्ट करके बहुत सारा पानी डालना चलता रहा सो अलग।

जादबजी मूड में थे। नकियाकर कह रहे थे मोदी को मिमिक करते हुए, "मित्रों, मैंने गुजरात में डेवलपमेंट किया है। वहाँ सूरज भी सोलर पावर से चार्ज होता है।" और हम लोग मोदी ज़िंदाबाद, राहुल गाँधी ज़िंदाबाद, आप करप्ट हैं, पानी फेंकना करप्शन है, आदि आदि चिल्लाते हुए गलियाँ क्रॉस करते

रहे। बीच-बीच में 'अंग्रेज़ों भारत छोड़ो', 'साइमन कमीशन वापस जाओ' का भी नारा लग रहा था। क्यों लग रहा था पता नहीं!

हर गली के अंत पर एक नया दोस्त कहता, "अबे, इसमें बहुत सारी रहती हैं बे! चलो साला..." नहीं, वो सब ठीक है। मान लो रहती भी हैं। फिर क्या? क्या कर लोगे? साला पानी में भीगोगे और वो मुस्कुराएँगी सो अलग। मुझे नहीं मालूम इससे क्या फ़ायदा है, क्या मिलता है पर हम नौ साल से यही कर रहे हैं।

और एक-से-एक मसख़रे मिलेंगे। एक अपनी कार धो रहा था। हम पास गए तो पाइप हमारे तरफ़ करके भिगा दिया और दाँत निपोड़कर हँसने लगा, "हीं हीं हीं!" मारें साला जूता निकाल के! पागल हैं क्या लोग। बताओ यार कार धो रहे हो और मज़े-मज़े में जो आ रहा है उधर पाइप घुमा दिए!

हमारा लुक क़ातिलाना था। होली में बैरे पहनकर कौन निकलता है! उसमें भी इतना स्मार्ट आदमी, फटी हुई जींस कूल होने का प्रमाण दे रही थी सो अलग। और क्या चाहिए! बाक़ी मिलिए हमसे, हमारी तन्हाइयों में, कुछ कहिए, कुछ सुनिए। डूबिए हमारे साथ कॉफ़ी की चुस्कियों में, आदमी बुरे नहीं हैं हम।

हैं भी तो क्या करें, अब जो है सो है!

# बचपन और स्कूल की दीवाली

छोटे थे, टिपिकल लोअर मिडिल क्लास परिवार। हमारे पिताजी हमारी पढ़ाई का ख़र्चा निकाल लेते थे यही बहुत था। पर्व-त्योहार आते थे तो आम बच्चों की तरह होली, दुर्गा पूजा, छठ आदि में नये कपड़े, खिलौने वाली बंदूक, ग़ुब्बारे हमें भी पापा ख़रीद देते थे।

दीवाली आती थी और अगर हम घर पर हुए तो पटाखे फोड़ने की हमें भी इच्छा होती थी और उसके लिए हम पापा से पैसे माँगते थे। पापा का हमेशा यही जवाब होता था, "बेटा, सौ रुपैय्या दै छियो, एकरे म आग्य लगाय ले, परक्का फोरभो त कहीं कुछ भे जैतो। पैसा क बर्बादी छै इ सब।" मतलब ये कि बेटा दस की जगह सौ रुपये ले लो और उसी में आग लगा दो क्योंकि पटाखा नुक़सान ही करेगा। पैसे की बर्बादी है ये सब।

ख़ैर, हम किसी तरह पटाखे ख़रीदने के पैसे तो ले ही लेते थे। समझ नहीं थी इतनी जितनी हमारे प्राइमरी से ऊपर स्कूल नहीं जाने वाले पिता को थी।

कुत्तों की पूँछ में हमारे कुछ पड़ोसी भाई–चाचा पटाखे बाँध देते थे। हमने कभी बाँधा नहीं पर हाँ, पाँच–सात साल की नासमझ उम्र में तालियाँ ज़रूर बजाईं। और ये कोई गर्व की बात नहीं है।

थोड़े बड़े हुए तो चले गए सैनिक स्कूल और दसवीं तक पटाखे को शायद हाथ नहीं लगाया। ख़रीदा तो बिल्कुल नहीं, और मज़े के लिए भी कोई बम–वम नहीं फोड़ा। फिर सीनियर हुए और तमाम तरह की हरामख़ोरियों में शरीक हुए। ख़ुद आग नहीं लगाई पर आइडिया दिया कि कैसे क्या करना है।

टीचर की सीट के नीचे, क्लास में पंखे के ऊपर, मॉर्निंग एसेंबली में, मेस में, डोरमेटरी में। हर जगह अगरबत्तियों से टाइम बम लगाने में हिस्सेदार रहे। दो–तीन क़िस्से तो काफ़ी क्लासिक हैं जिसमें मैंने एक्टिवली पार्टिसिपेट तो नहीं किया पर चूँकि लिखता हूँ तो बता रहा हूँ।

एक हमारे टीचर थे। नाम नहीं लूँगा, उनकी ड्यूटी थी उस दिन। ख़ैर, ब्रेकफ़ास्ट से पहले सारा अगरबत्ती वाला काम स्ट्रेटेजिकली करना था। हमारे दो मित्र एसेंबली हॉल की छत पर चढ़कर बम लगा रहे थे कि सर ने देख लिया। ये नहीं देखा कि कौन था। आवाज़ लगा रहे हैं फ़र्ज़ी, "मैंने देख लिया है, जो भी हो उतर जाओ वर्ना अगर मैं नाम लूँगा तो ख़ैरियत नहीं।"

बम लगाने वाले लड़कों ने एक–दूसरे से कहा, "घंटा देख लिया, मूर्ख बना रहा है।" और दोनों उस एस्बेस्टस की तिरछी छत से क़रीब सौ मीटर की दूरी तय करके, ऊपर–ही–ऊपर घूमते हुए नीचे उतरे और फिर थोड़ी देर बाद सर के पीछे आकर खड़े हो लिए और देखने लगे। एक ने मज़े लिए, "क्या हुआ सर, ऊपर क्या है?" सर ने कहा, "कोई बम लगा रहा था, उतरेगा तो इधर से ही। आज तो बचने वाला नहीं"

"हाँ, सर इधर से ही उतरना चाहिए। ख़ैर, हम ब्रेकफ़ास्ट करने जा रहे हैं। सायरन बज रहा है मेस का।" कहकर दोनों एक–दूसरे की तारीफ़ करते हुए निकल लिए और किसी को, वैसी हज़ार घटनाओं की तरह ही, कभी पता नहीं चला कि एसेंबली में बम किसने फोड़ा!

दूसरी घटना थोड़ी ऐतिहासिक और अनसुनी थी। प्रिंसिपल (कर्नल पी चक्रवर्ती), हेडमास्टर (मेजर समरवीर सिंह) और रजिस्ट्रार (कैप्टन जी सी

कर) के सामने हमारे एक मित्र ने बड़ा वाला बम फेंका। बम साला फुसफुसा के रह गया या शायद फेंकने की वजह से आग बुझ गई! अब देखिए हमारे उस मित्र की 'प्रिजेंस ऑफ़ माइंड' (न, भागा नहीं भाई), उन तीनों से महज़ दस-बारह मीटर की दूरी पर, लाइटर हाथ में लिए, हमारा अपना हीरो बम तक पहुँचता है, झुकता है, बैठता है (आर्मी के तीनों जवान ये देख रहे हैं। पर शायद ईगो का कुछ चक्कर था कि हमने तो असली बम झेले हैं, ये क्या है। पाँच मीटर दूर)।

हीरो ने लाइटर जलाई, बम की पतीली में आग लगी और वो भागा। दूरी दो मीटर। बम के अंदर आग पहुँची। दूरी एक मीटर और बड़ाम! तेज़ धमाका, ढेर सारा धुआँ और तीनों आर्मी ऑफ़िसर भौंचक्के से! और पूरी क्लास गैलरी से भागकर क्लास के अंदर ख़ुशी से फूली नहीं समा रही।

फिर होना क्या था, नाम माँगा गया कि किसने फोड़ा, तो भैय्या ऐसा है कि दोस्ती में जान देने वाली बात होनी चाहिए। हमने कहा किसी ने नहीं। फिर अंततः जैसा कि ऐसे स्कूलों में होता है, पूरी सीनियर क्लास (एलेवंथ ऐंड ट्वेल्थ) तीन घंटे तक रगड़ाते रहे। वही फ्रंट रोल, साइड रोल, हैंचिंग, रनिंग, फ़लाना,-ढिमकाना। फ़र्क़ ये था कि हम ये सब सड़क और लाल पत्थर वाली ज़मीन पर कर रहे थे।

ख़ैर, ये लिखने का ये मतलब क़तई नहीं है कि मैं पटाखों का समर्थक हूँ। हमारा स्कूल हज़ारों रुपये ख़र्च कर रंग-बिरंगे पटाखों का बक़ायदा शो करवाता था प्रोफ़ेशनल लोगों को बुलाकर।

मैंने लगभग पंद्रह सालों से, एक बार को छोड़कर (मिर्ची वाला चलाया था) कभी पटाखे नहीं फोड़े। पॉल्यूशन होता है, पैसे बर्बाद होते हैं और सबसे ज़्यादा परेशान बेचारे मूक जानवर। हम बच्चे थे तब नहीं समझते थे, पर अब तो हम बड़े हो गए।

# कॉरपोरेट दीवाली

ये दीवाली कर्मचारियों (पढ़ें- ग़ुलामों) को मूर्ख बनाने के लिए होती है। दिखता है कि मालिक कुछ हमारा फ़ायदा करा देगा लेकिन दीवाली के नाम पर साफ़-सफ़ाई और डेकोरेशन कराता है और एक को दस-पचास रुपये का अवार्ड थमाकर उसके ईगो को आग लगा देता है।

"हम तो सफ़ाई वाला 'कॉम्पटीशन' जीते हैं।" लौंडा पागल है ख़ुशी में। तभी एक और ख़ुशी की बात हो जाती है, बॉस मुस्कुराता दिखता है।

"ये साला मुस्कुरा क्यों रिया है रे?"

वो क़रीब आता है और एक-एक कर सबके पास जाता है और बिना होंठों के स्ट्रेच को कम किए सबसे उतनी ही मात्रा में स्माइल देते हुए सबको 'पर्सनली' 'हैप्पी दीवाली' कहता है।

कुछ लौंडे रो देते हैं कि यार बेकार ही साल भर गरियाते रहे बॉस को।

एकदम दरियादिल आदमी है, हरामख़ोर तो बिल्कुल नहीं लगता। लौंडिया, जिसका ऑफ़िस के लौंडे से चक्कर चलता रहता है, वो लौंडे को चिकोटी काटकर कहती है, "देखा, देखा! मैं न कहती थी, अपना बॉस दिल का अच्छा आदमी है।" और ओढ़नी के पल्लू से आँख पोंछती है। बॉस देखता है और मार्च वाले इन्क्रीमेंट बुक में लौंडिया का नाम दर्ज कर लेता है। हाँ, उसे ये पता नहीं कि लड़की चालू है, उसे पता है ऐसे ही इस तरह के बॉस को फाँसा जाता है।

कर्मचारी घर आता है, "यार, मतलब क्या बोलें। साला मज़ा आ गया। क्या पार्टी थी! लास्ट एक घंटा कोई काम नहीं हुआ। हमलोग डेकोरेशन किए अपने-अपने 'बे' का और फिर एथनिक थीम पर पार्टी हुई।"

"अच्छा? और क्या हुआ? सोनपापड़ी देकर ठगा या नहीं कि कुछ और देकर गधा बनाया?" रूममेट मज़े लेता है।

"ये दिया है। चम्मच-काँटा का सेट। और चाक़ू भी है बे! साला चाक़ू का क्या करते हैं? ओह्हो! इस चाक़ू से तो सब्ज़ी भी नहीं कटती!" कर्मचारी बिना धार वाले चाक़ू पर उँगली चलाकर बोलता है, "हज़ार रुपये तक का तो होगा ही गिफ़्ट? क्या बोलते हो। कंपनी सही है।"

"हाँ, हज़ार का तो होगा। वैसे तेरा ये चूड़ीदार और कुर्ते का कितने का पड़ा?"

"दो हज़ार! अरे स्साल्ला! अबे ठग लिया बे!"

# Valentine Week
# ( क्यूटियापा सप्ताह )

रोहित दलाई

# पहला दिन: Rose day का क्यूटियापा

आज से प्रेमी युगलों का धार्मिक मेला शुरू हो जाता है। आज का दिन है: गुलाब दिवस

पेश है एक अनाम शायर की कुछ पंक्तियाँ:

गमके जवानी गम-गम गुलाबी
उड़ी-उड़ी आवे भँवरा सराबी
अपने ही मन में सजाए सपना
गोरे-गोरे बदन पे कमाल बलमा

इस बार का क्यूटियापा सप्ताह हम थोड़े सभ्य ढंग से मनाएँगे। आपने देख ही लिया कि हमने 'क्यूटियापा' शब्द का इस्तेमाल किया है। लेकिन ये गारंटी नहीं है कि कब तक कर पाएँगे। फ़्लो में रहेंगे तो थोड़ी गालियाँ तो निकलेंगी ही।

ख़ैर, प्रेम तो हम सबने किया ही है। कुछ सचमुच की लड़कियों से करते हैं और कुछ 'ख्वाब हो तुम या कोई हक़ीक़त' वाले उधेड़बुन में रहते हैं। माफ़ कीजिएगा, मैं लड़कों की बात लिखूँगा, लड़कियों का बहुत ज़्यादा पता नहीं। फ़ेमिनिस्ट झंडेबाज़ हर जगह घूमते रहते हैं, सो अलग।

तो आज का दिन है गुलाब का दिन। प्रेम के व्यापारीकरण की शुरूआत आज के दिन से होती है और न जाने कहाँ ख़त्म होती है। गुलाब प्रेम का प्रतीक कब बना हमें नहीं मालूम। हमें ये ज़रूर मालूम है कि हमें एक लड़की ने एक बार पीला और कुछ दिन बाद लाल गुलाब दिया था। ख़ुदा क़सम उन पहले गुलाबों को हमने कहीं तो संभाल के रखा हुआ है।

लौंडों ने अब बारह बजे रात से ही ये सारे तिकड़म शुरू कर दिए हैं। बारह बजे से भाई साहब चूतियापा सप्ताह चालू है। हम अपने एक मित्र (अभी हम श्योर नहीं हैं कि मित्र शब्द उपयुक्त है या नहीं) से रात में चैट कर रहे थे तो कहने लगीं की लौंडों ने 'हैप्पी रोज़ डे' दनादन दाग दिए हैं! हमने मन-ही-मन उन हरामख़ोरों को गाली दी कि बदतमीज़ सुबह तो हो जाने दो!

डिजिटल गुलाबों की डिलीवरी तो रात के बारह बजे ही हो जाती है, असली गुलाब, काँटे निकाले हुए, नक़ली सुगंध छोड़ते हुए, साले इतने महँगे हो गए हैं कि हमारे जैसे लोग ये कह देते हैं, "नो! एक्चुली, आई डोन्ट बिलीव इन दिस बुलशिट, आई मीन, लुक दिस इज़ ऑल बिकमिंग एन इंडस्ट्री! ब्ला, ब्ला, ब्ला..." लड़की समझ चुकी है कि दिस गाय इज़ सर्टेनली नॉट द वन शी इज़ लुकिंग फॉर।

साहब बनिए इंटेलेक्चुअल! लेकिन ग़रीबी में आदमी इंटेलेक्चुअल ही बनता है। कोई उपाय नहीं है। जिस देश में विद्यार्थी ग्यारह परसेंट इंटेरेस्ट पर लोन लेकर पढ़ाई करता है वो पचास रुपये का परफ़्यूम मारा हुआ गुलाब लेने से पहले तो सोचेगा ही!

लेकिन ये सब ज्ञान ना एक बार 'जानू' सुनोगे तो साइकिल पर बैठ के निकल लेगा। ज्ञान और प्रेम (या आपके लिए जो भी मायने हों) एक साथ नहीं आते। समझदार लोग प्रेम कर ही नहीं सकते। कम-से-कम आज का बाज़ारू प्रेम तो नहीं। हाँ, समझदारी जेएनयू के छद्म बुद्धिजीवियों की तरह कैम्पस में

ही छोड़ आइए तो आप क़ाबिल हैं प्रेम करने के। प्रेम या तो मूर्ख करते हैं या प्रेम में लोग मूर्ख बनते हैं! क्योंकि प्रेम में और कोई संभावना नहीं है। वहाँ कोई तर्क नहीं है। वहाँ कुतर्क भी नहीं है। बाक़ी सारी बातें गौण हैं। बस आप हैं, और.... आप हैं। ज्ञान जहाँ घुसा तो प्रेम का कबाड़ा हो जाना है।

मतलब ये कि ज्ञान जो है ज्ञानियों के बीच ही छोड़ दीजिए नहीं तो ख़ूब डीएसई से इक्नामिक्स की डिग्री हो पर पाँच तारीख़ तक पाँच रुपये में बिकने वाला गुलाब सात को पचास में क्यों बिकता है ये पल्ले नहीं पड़ेगा। इसको ख़ारिज किया तो फिर 'इन्सेंसिटिव' होने का ठप्पा लग जाएगा और रोमेंटिक कहलाने के लिए आप ज़िंदगी भर तरसते रहेंगे।

ख़ैर। हमारे मज़ाक़ उड़ाने से कुछ होनेवाला तो है नहीं। बाक़ी पढ़कर इमोशनल मत होना। जाओ और प्रेम के व्यापारीकरण में अपना सहर्ष योगदान दो और बताओ, 'तुम्हें कितना प्यार करते हैं सनम'।

# दूसरा दिन :
# प्रेम निवेदन दिवस ( Propose Day )

शुरुआत जाने माने शायर मीर तक़ी 'मीर' के एक शेर से:

कहते तो हो यूँ कहते, यूँ कहते जो वो आता
सब कहने की बातें हैं, कुछ भी न कहा जाता

ये बात मुझे समझ में नहीं आई कि क्या प्रेमी (या प्रेमिका) एक दिन तक गुलाब लेकर वेट करते हैं कि प्रपोज़ डे अर्थात प्रणय निवेदन दिवस आए तब जाकर बोलें: यो बेबी, आई लऊ यू ?

मतलब फिर साला गुलाब देकर क्या दाँत निपोड़े कोई चुटकुला सुनाते हैं क्या ? या गुलाब देकर निकल लेते हैं लड़की के सैंडल उतारने से पहले ? भाई सटायर नहीं है, हम पूछ रहे हैं। क्योंकि हमने तो गुलाब कभी दिया नहीं और सीधा कह दिया था बिना दिन देखे कि ऐसा है हमें आपकी हर बात, जैसी भी है,

पसंद है। आप भी बता दीजिए और इंतज़ार या सिग्नल का चक्कर मत करना, हम दोनों ही बात नहीं समझ पाते।

वैसे भी साला गिटार या डीएसएलआर तो था नहीं की स्त्रैयाकर्षक चुंबक (चिक अट्रैक्टिंग मैग्नेट) हो लेते। ले-देकर पढ़ने (और विद्यार्थी जो-जो कर सकता है) में बाक़ियों से बहुत (मतलब बस सोचो कि कितना) आगे थे। ग्रेजुएशन में उधर से आया और पोस्ट ग्रेजुएशन में दोनों तरफ़ से। दोनों ही ख़त्म हुए। लेकिन अनुभव रहा। ख़ूबसूरत-सा। इसीलिए भड़काते हैं तुम सबको कि प्रेम तो साला करो ही, उधार लेकर करो। अपने से प्लस-माइनस टेन तक की उम्र वाले से करो। प्रेम में दिमाग़ मत लगाओ, दिन मत देखो।

अच्छा, तो प्रपोज़ डे है आज। आज का दिन, ख़ासकर लौंडे-लवांडों के लिए, बड़ा ही उधेड़बुन वाला होता है। लौंडा सोचता रहता है पूरे साल (या जुलाई वाले सेमेस्टर से पिछली रात तक) कि अबकी साला जो हो जाए बोल देना है। ये बात मीर के ज़माने में भी होती थी और आज भी बदस्तूर जारी है।

इसमें दो-चार दोस्त बड़े ज्ञानी होते हैं। उन्होंने गर्लफ्रेंड सिर्फ़ फ़िल्मों में देखा या दूसरों से सुना होता है पर रिसर्च ऐसा तगड़ा कि बाप रे बाप! मतलब एक कृष्ण थे और एक ऐसे मित्र। बोलेंगे, "अबे, बोल दो। क्या होगा? ज़्यादा से ज़्यादा मारेगी चप्पल से? मार खा लेना। तसल्ली तो हो जाएगी! क्या पता मान ही जाए। दिल में दबाके कब तक रखोगे बे? साला दो बार चैट करके तीन दिन ख़ुश रहते हो, बोल दो ना एक बार। देखो क्या कहती है। नहीं तो साला ईसनवा पटा के ले जाएगा और तुम बैठ के उसके क़िस्से सुनना। बी ए मैन, मर्द बन। जाओ साला दिखा दो..."

वो जोश भर जाता है बाबू साहब कि क्या बताएँ। एक-दो बार तो हमारा दोस्त अलखवा किसी को इतना बोल दिया कि हम (स्वयं परमहंस की अवस्था प्राप्त कर चुके हम!) गर्लफ्रेंडशुदा होते हुए उस लड़की को प्रपोज़ मारने को तैयार हो गए। चननमा फिर बोला कि साला तुम्हारी गर्लफ्रेंड है, तुम काहे कुलाँचे मार रहे हो।

ख़ैर, बात ये है कि ऐसे दोस्तों से बचिए और टाइम लीजिए। हालाँकि कन्याओं को बड़ा अच्छा लगता है कि कोई किसी ख़ास दिन ख़ास बात कहे।

लेकिन ये भी याद रहे कि वो अगले ही दिन ग़लत लौंडे को फ्री एसएमएस (या अब तो व्हाट्सएप्प है) से डंप भी मारती है और चार गालियाँ भी सुनाती है। ख़ैर, उनकी गाली सुनकर हँसी आती है, वो बिल्कुल अलग बात है।

मार दो प्रपोज़ अगर कोई है तो। बाक़ी महान शायर श्री शाहरुख़ ख़ान ने भी कहा कि कुछ वो कायनात-फायनात साज़िश-वाज़िश करती है। क्या पता करती हो सच में!

और अगर सीरियस हो उसको लेकर तो उधर जाकर कॉन्फ़िडेंस में बोलो। ये नहीं कि 'वाना फ्रेंडशिप?' ये कहा और हमें पता चला तो खोज के चार चप्पल हमीं लगाएँगे, ब्लॉक करेंगे सो अलग! प्रेम है तो "लव यू", फ्रेंडशिप तो अगस्त में करना। ये क्या शनि-बाज़ार है कि रात में निकले, साठ रुपये किलो सेब दे रहा है, पैसे नहीं तो चलो टमाटर ले लें, लाल ही तो है!

अगर कल रोज़ नहीं दिया है तो प्रॉबेबिलिटी कम है प्रपोज़ल एक्सेप्ट होने की लेकिन सीरियस हो तो फिर दिन-विन का फेरा नहीं होता। लड़की पूछेगी ज़रूर और ताउम्र ताने मारेगी कि तुमने तो रोज़ डे मिस कर दिया। लेकिन कम-से-कम एक लड़की ताने मार रही है ना, अलखवा तो नहीं चिढ़ाएगा साल भर!

प्रपोज़ करना भी आजकल भारी डिस्कशन वाला विषय हो गया है। तमाम तरीक़े सोचे जाते हैं। चार दोस्त बैठकर स्ट्रेटेजी बनाते हैं। इन चार में एक हरामी दोस्त होता है जो मज़े लेने के लिए सीरियस फ़ेस बनाकर पिटवाने वाला आइडिया देगा। ऐसे दोस्त को आइडेंटिफ़ाई कर लें।

लगता है प्रपोज़ करने नहीं, साला नुक्कड़ नाटक करने जा रहे हैं। स्क्रिप्ट तैयार है। चार-पाँच सिचुएशन सोच लिए गए हैं। फॉरमेशन में घुटने पे बैठना है कि केजुअल टाइप बोल देना है, सब सोचा जा चुका है। अबे बी नेचुरल! नेचुरल क्या होता है हमें पता नहीं। ये लड़की के हिसाब से डिसाइड कर लो।

लेकिन ये भी जीवन का एक अलग यथार्थ है। प्रपोज़ करके चाँद ला रहे हैं। कोई नर्डी लवर है तो क्यूरियोसिटी रोवर की भेजी तस्वीर प्रिंट करा लेगा कि ये देखो ये है अर्थ और ये रहा मून, पता है नाइंटी नाइन मिलियन माइल्स दूर है। एंड द गर्ल गोज़ बनानाज़, "सच्ची? मतलब सच्ची वाली सच्ची?

ओएमजी! डिज़ इज़ ओज़्ज़म! मैं तो अपने फ्रेंड को भेजूँगी। तू जीनियस है जीनियस..."

लौंडा समझ गया कि लड़की जीनियस नहीं है, "साला बुरे फँसे! ये ओएमजी क्या है? एमजीओ तो मैग्नीशियम ऑक्साइड होता है..."

ख़ैर। मेरी सलाह है कि जिससे मन मिले उसे ही पकड़ो। चेहरे पर मत जाओ, कह रहे हैं कोई फ़ायदा नहीं है। हमारी मोहतरमा काफ़ी ख़ूबसूरत थीं लेकिन हमने उनका चेहरा धोकर कभी नहीं पिया! बात-बोली सही हो, टाइम देना अच्छा लगता हो तो गो फ़ॉर इट, अदरवाइज़ देयर इज़ नो सेंस इन गोइंग जस्ट फॉर द हेक ऑफ़ इट। अबे आती है हमें भी अंग्रेज़ी। पापा ने अच्छे स्कूल-कॉलेज में पढ़ाया है।

तो जाइए, आज के दिन अपनी तथाकथित प्रेमिकाओं को तरह-तरह के डायलॉग सुनाकर बताइए कि आप उनके प्रेम में कितने गहरे उतर चुके हैं। बताइए कि पिछले साल/सेमेस्टर से रोक के रखा हुआ है फ़ीलिंग्स को और आपका यूएसपी क्या है: व्हाट्स सो यूनीक अबाउट यू, व्हाय शुड आई गो विद यू?

हम तो परमहंस की अवस्था पाकर इन छोटी-मोटी बातों से ऊपर उठ चुके हैं, हमारा तो आमतौर पर मज़ाक़ उड़ाने में ही टाइम जाता है। ना कोई चैट है, ना बात है, ना पिंग है, ना रिंग है... बेसिकली आई एम नॉट इन द गेम। कौन साला ग़ालिब-मोमिन-मीर-फ़ैज़ सुनेगी, किसको कुरुसावा और आईसेंस्टीन बताएँगे, किसके पास इतनी फ़ुर्सत होगी कि घंटे भर हमारी चुप्पी में कविता ढूँढ़े। यहाँ सब 'वीड पिला दे सजना' वाले हैं और हम 'मिर्जापुर कईले गुलजार हो, कचौड़ी गली सून कईले बलमू' वाले हैं। हमारा सत्यानाश हो चुका है, तुम लोग जाओ और उल्लू बनो-बनाओ।

# तीसरा दिन : चॉकलेट दिवस

आइए 'क्यूटियापा सप्ताह' के तीसरे दिन, चॉकलेट दिवस, की शुरूआत ग़ालिब के एक शेर से करें:

फ़िक्र-ए-दुनिया में सर खपाता हूँ
मैं कहाँ और ये बवाल कहाँ

कहने का मतलब ये है कि हम तो आपके लिए ये सब कर रहे हैं वर्ना ये सारी बातें हमारी समझ से बाहर हैं। रोज़ डे, तो प्रपोज़ डे, दिस डे, दैट डे और आज वाला चॉकलेट डे!

चॉकलेट शब्द सुनकर ही लड़कियाँ एकदम से गो गा गा ना! "आई सो, सोऽऽऽऽऽऽऽऽ लऽऽऽऽऽऽऽव चॉक्लेट्स! तू खिलाएगा ना मुझे कल? हीं हीं हीं।"

हाँ हाँ, क्यों नहीं, हमारे बाप ने धान की जगह चॉकलेट बोया है इस बार! मतलब और कोई काम-धाम नहीं है कि पैसा हम लगाएँ और चॉकलेट तुम खाओ? लो प्रो.फ़ाइल रखते हैं तो एकदम्मे लल्लू समझ लिए हो का जी? ये सब हम बहुत कर चुके हैं कॉलेज टाइम में।

जाकर पता कर लीजिए आई पी यूनिवर्सिटी के वेस्ट हॉस्टल फॉर विमेन में कि कौन था वो लौंडा जो रोज़ एक चॉकलेट लेकर उस लड़की को (नाम गुप्त रखा गया है) रिसीव करता था। गारंटी है कि हमारा नाम ही लिया जाएगा और कहेंगी वो कि लौंडा लाल पल्सर से आता था और हॉर्न बजाता था। क्या दिन थे साहब! कटारी चल गई दिल पर जी। कटारी!

हमारे तर.फ के लड़कों की एक और दि.क्क़त है : हमारे लिए टॉ.फी, लेमनचूस, चॉकलेट सब चीज़ें 'चॉकलेट' (चौकलेट) के नाम से ही जाने जाते हैं। ये कहाँ से आया, हमें नहीं मालूम पर इसके कारण कई लौंडे अपनी हँसी उड़वा चुके हैं। रंजीतवा तो आज भी एक्लेयर्स को भी चॉकलेट कहता है और फिर रोता है कि उसकी कोई गर्लफ्रेंड नहीं है।

भाई, आज के दिन तो एक दूसरे को (लड़की लोग कहती हैं कि सि.र्फ़ उन्हें मिलना चाहिए) औक़ात से ज़्यादा महँगी चॉकलेट देते हैं। कुछ का तो बाज लेकर उड़ जाता है, ''यू अर्न अ बॉनविल'' कहते हुए। हीं हीं हीं, साला मेरा सेन्स ऑ.फ़ ह्यूमर भी ग़ज़ब ही है।

ये जो चॉकलेटबाज़ी होती है वो चिकलेट्स को तुम्हारे स्टेटस का सीधा एहसास कराती है, ''जो लौंडा तीन सौ की एक्सक्विज़िट चॉकलेट नहीं ला सकता वो क्या ख़ाक मुझे अस्सी रुपये का सलाद ऑर्डर करने देगा!'' साला सलाद से याद आया कि ये सलाद ऑर्डर कर देंगी फिर दो टुकड़ा मुँह में लेकर पूरी प्लेट टच भी नहीं करेंगी। पहले बता देतीं यही करना था तो, हम .फ़ोटो निकलवा लाते सलाद का, सस्ता भी पड़ता!

बता रहे हैं अनुभव से कि चॉकलेट-उकलेट से घंटा नहीं पटती लड़की। चॉकलेट पूरा खा जाएगी सो अलग। हमने तो इतने खिलाए थे, अभी बैठ के किताब लिख रहे हैं कि नहीं? ये सब .फ़ालतू की बातें हैं। बाप के पास पैसा ज़्यादा है तो कैडबरी में स्टॉक ले लो।

हमारे पास एक अति रोमांटिक आइडिया है चॉकलेट को लेकर। हम कहते हैं कि एक बाल्टी पिघला हुआ चॉकलेट ले आओ और कन्या को नहला दो। इम्प्रेस हो जाएगी। लिख लो। थोड़ा क्वर्की है पर फ़िल्मों में तो काम कर जाता है। इफ़ यू नो व्हाट आई मीन (एक आँख वाला इमोटिकोन)।

अभी भी टाइम है मत ख़रीदो। कोई फ़ायदा नहीं है। इस चॉकलेटबाज़ी से होना-जाना कुछ नहीं है! फ़र्ज़ी का पागलपन है लौंडो के बजट की माँ-बहन करवाने का और दुकानों की एक दिन की बिक्री बढ़वाने का।

लिखवा लो हमसे, कह रहे हैं इससे कुछ नहीं होता! नहीं ख़रीदे हो तो रूम में बैठकर अरविंद केजरीवाल का नया धरना एन्जॉय करो। कॉमेडी सर्कस का राहुल गाँधी भी देखा जा सकता है।

# चौथा दिन : नक़ली भालू दिवस

शुरूआत करते हैं एक ऐसे शेर से जिसका आगे की बातों से कोई लेना-देना नहीं है, ख़ैर लेना-देना तो इस पूरे सप्ताह का प्रेम से कुछ भी नहीं पर लोग तो मना ही रहे हैं ना?

हमको मालूम है जन्नत की हक़ीक़त लेकिन

दिल के ख़ुश रखने को 'ग़ालिब' ये ख़्याल अच्छा है

ग़ालिब का है। कहते हैं कि टैड्डी देकर लोग क्या उखाड़ लेते हैं वो इन्हें बख़ूबी मालूम है (और जो नहीं देते हैं उन्हें भी, और जो मज़ाक़ उड़ाते हैं उन्हें भी) लेकिन ख़ुद को मूर्ख समझना बड़े हिम्मत का काम है!

आज चौथा दिन है जी, टैड्डी डे! ये! नक़ली भालू दिवस। यूँ तो लड़कियाँ, फ़िल्मों में तो ऐसा ही होता है, कॉकरोच से भी डर जाती हैं पर उनका 'ऑ'

मोमेंट और 'व्वाव' कहने में लगाया समय आपके (मूर्ख लौंडों) द्वारा दिए गए टैड्डी के साइज़ के अनुसार बढ़ता जाता है।

कोई सिम्बॉलिज़्म नहीं चलेगा, "बेबी, भावनाओं को समझो! आई गॉट यू अ टैड्डी, व्हाट इ.फ इट्स स्मॉल? इट्स स्टिल अ टैड्डी, राइट?" नो ब्रो, इट आयन्ट राइट। शी वोन्ट टेल बट इ.फ शी टॉक्ड अबाउट द साइज़, यू बेटर मेक इट लार्ज (पन इन्टेन्डेड)!

ये तो हमें भी समझ में नहीं आया कि चार फ़ुट का टैड्डी क्या उखाड़ लेगा? क्या करना है उस साले टैड्डी के साथ जो एक हँसता-खेलता लौंडा (मूर्ख ही सही) नहीं कर सकता। वैसे भी प्रेम में लड़के प्रेमिकाओं के इशारे से ही चलते हैं, टैड्डी ही बना लो उन्हें भी। टैड्डी को तो फ़ील भी नहीं होता होगा, लड़का तो फ़ील भी कर लेगा थोड़ा-सा! अरे मानवता नहीं है तेरे अंदर, लालची लड़की?

ज़रा सोच बेचारे ने कितना सोचा होगा जब उसने आधे महीने का रेंट, गाँजे वाली सिगरेट का ख़र्च, चार दिन से ख़त्म पेस्ट, ग़रीबी की ब्लैक कॉफ़ी और चार रात के डिनर के बदले मैगी, सब कंसीडर किया होगा। ऐसे इन्सान देवता तुल्य होते हैं। क़ायदे से उसके टैड्डी देते ही उसका 'किस डे' मना देना चाहिए। शो हिम दैट यू लव हिम बेबी! आई लाइक दैट स्पिरिट, यू इन दैट स्मॉल स्कर्ट... ओ या...

कितना निश्छल प्रेम होता है इनका! ये जानते हैं कि ये सब बेवक़ूफ़ी है, पर दिल को कहते हैं कि इन्वेस्टमेंट है ये। कितना सच्चा प्यार है। आ हा हा... इन्वेस्टमेंट! प्यार में इन्वेस्टमेंट, वूल.फ ऑ.फ लऊ स्ट्रीट!

अबे कब सुधरोगे? कब तक ये चलेगा भाई मेरे? ये प्रेम नहीं है। प्रेम आदमी से होता है, टैड्डी से नहीं। अगर तुम्हें लगता है कि बड़ा भालू बड़े प्रेम का परिचायक है तो क़सम वासेपुर वाली जानेमन हुमा क़ुरैशी की, अपने नाम के आगे 'बड़े वाले' लगाना शुरू कर दो।

देखो जिस भी बुलबुल से (.फेमिनिस्ट लोग अपना झंडा निकाल लें) टाँका भिड़ा है, या भिड़ाना चाहते हो, या तथाकथित प्रेमिका है, या बनाना चाहते हो तो ये डे-फे का वेट मत करो। थोड़ा आउट ऑ.फ द बीटन ट्रैक चलो। सीधा

प्रपोज़ मारो और बोलो कि टैड्डी, चॉकलेट सब बाद में होगा। पहले हमें जानो, मिलो, पढ़ो, समझो, सवाल पूछो, जवाब दो।

ऐसे होनी चाहिए बात। शायद तुम्हें पता नहीं पर अट्ठारह साल की तुम्हारी इन्टेन्डेड बिलवेड के पास अट्ठारह से ज़्यादा टैड्डी होंगे! टैड्डी अगर पसंद है तो दे देना। दस दे देना, दस फ़ुट लंबा दे देना, दस बार दे देना... प्रेम करते हो तो टैड्डी, चॉकलेट इम्मेटेरियल चीज़ें हैं।

ख़ूबसूरत बातें, तुम्हारे सुनने की एबिलिटी, उसे देखने का नज़रिया ज़्यादा इम्पॉरटेंट है न कि टैड्डी। ढंग की लड़कियाँ इन्हीं बातों को तवज्जो देती हैं। उन्हें टैड्डी से बहुत मतलब नहीं होता। ख़ुद को सुधारो, चिरकुटई बंद करो, अच्छे लोग ख़ुद ही पास आएँगे।

## पाँचवा दिन :
## 'वादा कर ले साजना' दिवस

कितना अच्छा दिन है। आ हा हा! आइए शाईर–श्रेष्ठ श्री गुलशन बावरा जी की इस शायरी से शुरूआत करते हैं:

वादा करले सजना
तेरे बिना मैं न रहूँ
मेरे बिना तू न रहे

हो के जुदा, ये वादा रहा,
न होंगे जुदा, ये वादा रहा

आज का जो दिन है वो बड़ा रोचक है। आज के दिन लौंडे वादा करते हैं और तमाम मोहतरमाएँ वादा कराती हैं। और तुम सोचते हो कि 'वादा तो टूट जाता है' लेकिन ऐसा नहीं हैं। ये लोग अपना नाम, तुम्हारा नाम, अपने नेलपॉलिश का ब्रांड भूल जाएँ, टॉर्क्वाइज़ को ग्रीन कह दें पर इस दिन करवाया हुआ वादा नहीं भूलतीं। कोई चाँस ही नहीं है। अबे एक्सपीरियेंस से कह रहे हैं बे!

लौंडे बेचारे कितने मासूम होते हैं! मुझे तो लिखते-लिखते प्यार आ रहा है। एक लौंटे की सेटिंग के लिए चार दोस्त प्लानिंग में लगे हुए हैं। लग रहा है कि कोई जंग की तैयारी हो रही है। जो चार दोस्त होते हैं वो ख़ुद ही में एक-दूसरे के आइडिया को काटते रहते हैं। जिसे लड़की से मिलना है, वादा करना है उसकी एक नहीं चलती।

दुर्गा पूजा में मिलने वाले सालाने कपड़े की तरह जो डिसाइड हो गया वो कह दिया जाता है करने को। इसमें देखिए बात तो सही है। दोस्त भी भला चाहते हैं पर कई बार, या कहिए ज़्यादातर, इनके प्लान टिपिकल मेल-ब्रेन टारगेटेड होते हैं। अगर लड़का गे है तो फटाक से नया लौंडा पटा लेगा पर लड़की पटाने (अब पटाना शब्द को लेकर झंडा लेकर मत पिल जाना) के तरीक़े, मेरे अनुभव के हिसाब से एक लड़की बेहतर दे सकती है।

दुर्भाग्य ये होता है कि आपके फ़्लैट में चार लौंडे हैं। कुछ दूसरे ब्लॉक से, मालवीय नगर से आ जाते हैं ये सुनकर कि 'अपना' लड़का जा रहा है कुछ महान करने। एकदम 'अ स्मॉल स्टेप फ़ॉर अ मेन इज़ अ जायंट लीप फ़ॉर मैनकाइंड' टाइप का कुछ। और इनकी डिस्कशन देख लो।

किसी को फ़ीमेल सायकॉल्जी की कोई नॉलेज नहीं, सारे नौसिखिए साले, सबका ज्ञान करन जौहर की फ़िल्म तक सीमित है, ये सारे लोग विभिन्न फ़िल्मों में 'ऐसा हुआ था' का सबूत देते हुए अपने तर्क को बेहतर साबित करने में लगे रहेंगे।

हमें तो यही नहीं पता कि आज के दिन लौंडों को कितनी फ्रीडम है। मने, लड़का ख़ुद वादा क्या करना है ये डिसाइड करता है या लड़की बताती है कि किस बात का वादा करवाना है?

अब देखो स्थिति इतनी विकट। सब कुछ लड़-झगड़ के डिसाइड हो गया कि जाओ लड़के ये वाला क्रिएटिव-सा प्रॉमिस है, "यही बोलना, शब्दों का ऑर्डर भी मत बदलना। ना याद हो तो लिख लो।" तभी एक बोलेगा, "अबे यार, अगर लड़की बोल दे कि ये वादा करो तो?"

ये आ गया ट्विस्ट इन द टेल! सब गेट तक पहुँच चुके हैं, रात के तीन बज रहे हैं। दूसरे फ़्लैट के लौंडे जाने वाले हैं कि ये पचड़ा फँस गया! फिर से बैठो अब। एक बोलेगा, "अबे, इसमें क्या है, लड़की जो बोले वादा कर देना है।"

"भारी बुरबक आदमी हो बे! लौंडिया क्या सोचेंगी कि लड़के की अपनी कोई स्टैंडिग ही नहीं है! जो कहा वो स्वीकार कर लिया! ये क्या बात हुई! लानत है!" दूसरा प्वाइंट काटता है।

तीसरा जोड़ता है, "हाँ भाई, ये बात और है कि मानना तो वही पड़ेगा तुमको और फिर वैसे ही चलना है जैसे चलाएगी, लेकिन एक बार विरोध या विचार तो प्रकट करना चाहिए। इससे इंप्रेशन अच्छा पड़ेगा।" जिसको जाना है वो बस सुनता है। एक बार तो वह भी ये मान लेता है कि बाक़ी लोग उसके लिए बिल्कुल सही प्लान बना रहे हैं।

आ हा हा! कितनी मासूमियत है, अपना हीरो एकदम साधारण-सा, सीधा लौंडा है। दोस्तों ने हवा भरकर टाइट कर दिया है। "लौंडे फ़ोन करना हमें कि कैसा रहा। ठीक ना?" कहकर बाहर वाले लड़के निकल लेते हैं।

अब जो उसका रूम पार्टनर है वो पहले गरियाएगा उन्हें, जो अभी जस्ट गए हैं, "साले, घंटा ज्ञान दे रहे हैं! साले ख़ुद की तो कोई गर्लफ़्रेंड है नहीं और ये कर दो, वो कर दो! सुनो बे, जो मन में आए, जो उस समय सही लगे वो करना। ये साले पागल बनाते हैं! बस कॉन्फ़िडेंट रहना। भाभीजी को मेरा प्रणाम ज़रूर कहना। गुडनाइट।"

ये जो दोस्त होता है, आमतौर पर अच्छी सलाह देता है। अच्छी इसलिए क्योंकि वो कोई सलाह नहीं देता।

ख़ैर छोड़िए, ये बातें तो अभी, इसी वक़्त, कई पीजी में चल रही होंगी। देखिए ज़्यादा एक्सपीरियेंस तो नहीं है हमाराए पर इतना है कि कह रहे हैं, वादा

ख़ुद से करें तो बेहतर है। लड़की को सुनाएँ या जो वो कहे वो करें, ये सारे वादे एक लगातार धुम्रदंडिका पीने वाले का 'एक मार्च से स्मोकिंग बिल्कुल बंद' वाले वादे की तरह होता है जिसका ना कोई मतलब होता है ना महत्व।

वादा तो करना ही चाहिए। वादा भौतिकवादी कम और भावनात्मक ज़्यादा रहे तो प्रेम बढ़ता है। ख़ुद से ये वादा कर लो कि प्रेम में थोड़ी लोच, यानी फ़्लेक्सिबिलिटी ज़रूरी है। थोड़ा झुकना चाहिए। ईगो से कुछ नहीं मिलता है। लड़की अगर तुम्हें सच में अच्छी लगती हो तो ईगो को बाहर फेंक दो।

ये सोचना कि मैं मर्द हूँ और मैं कैसे ग़लत हो सकता हूँ, ये विशुद्ध चूतियाप है दोस्त। मर्द ज़्यादातर ग़लत ही होते हैं। भला हो दुनिया का कि लड़कियाँ हैं हमें संभालने के लिए। अपनी माँ को देखो। ऐसे ट्रीट नहीं करोगे।

अगर तुम्हारे एक बार झुकने से रिलेशन बच रहा हो तो कोई बुराई नहीं है। ये भी जान लो कि वो भी समझती है कि तुमने ये कितनी बड़ी सोच दिखाई है। लिखवा लो कि तुम्हारा रिलेशन चलता रहेगा। ये मान लो कि तुम्हारी लाइफ़ बन जाएगी अगर तुम्हें सही पार्टनर मिल जाए। यहाँ मैं सेक्सिस्ट हो रहा हूँ पर ये बात सच है कि वोमनकाइंड के कारण ही ये दुनिया जीने लायक़ है।

तो भाई मेरे, अगर मना ही रहे हो तो सीरियस टाइप मनाओ। यहाँ पैसा नहीं लगेगा। यहाँ दिल चाहिए, कनविक्शन चाहिए। बाक़ी बातें बेमानी हैं।

# छठा दिन :
# गला मिलन दिवस

मीर तक़ी 'मीर' मेरे पसंदीदा शायरों में से एक हैं। बहुत ही छोटी जगह में बहुत ही बड़ी बात कह देते हैं। पेश–ए–ख़िदमत है ये शेर:

सब मज़े दरकिनार आलम के

यार जब हमकिनार होता है

मीर प्रेयसी (या प्रेमी, आवश्यकतानुसार इस्तेमाल करें) की मौजूदगी को दुनिया के सारी ख़ूबसूरत, आनंददायक चीज़ों से ऊपर मानते हैं। वो जितना क़रीब होता है बाक़ी चीज़ें, ज़रूरी या ग़ैरज़रूरी, उतनी ही दूर चली जाती हैं।

इसीलिए गले मिलना बड़ा ही सुखदायक माना गया है। आज 'क्यूटियापा सप्ताह' का छठा दिन है: गला मिलन दिवस। आज के दिन लोग (लड़के, आम तौर पर) अपनी तथाकथित प्रेयसियों के 'गले पड़ने' के फ़िराक़ में रहते हैं।

अजी दिन क्या है, होली की तरह, मौक़े का फ़ायदा उठाते हैं लोग। अरे मिल लेते हैं गले, मान गई तो ठीक है नहीं तो 'यार आज तो हग डे है, आज तो हग कर ले!' कह के निकल लेना है।

प्रेम का व्यवसायीकरण तो हो चुका है। और प्रेम सिर्फ़ ये चिड़ा-चिड़ी वाला नहीं, माँ, बाप, भाई, बहन, दोस्त, इन सारे रिश्तों को अलग-अलग दिनों में समेट लिया गया है। लौंडे लोगों के लिए बड़ा सही हुआ है। भाँड़ में जाए व्यापारीकरण, हमें एक दिन तो मिला।

ये दिन और सप्ताह मिलने से लौंडों की कम-से-कम एक समस्या ख़त्म हो जाती है कि 'किस दिन बोलें?' वर्ना एक-डेढ़ महीना तो मित्र मंडली सिर्फ़ दिन डिसाइड करने में लगा देती है। भला हो लौंडों का कि उन्हें ये नहीं सोचना होता कि शर्ट और जींस मैच कर रहे हैं कि नहीं!

ज़रा सोचिए कि हम तीस-चालीस (कई बार नब्बे) दिन अपनी जींस नहीं धुलवाते, तो वह रोज़ अलग-अलग कलर शेड्स पकड़ता रहता है। फिर एक दिन हम उसे धोबी को दे देते हैं और जब वह धुल के आता है तो यू गॉट अ न्यू पेयर बडी! साला पहचान में नहीं आता की वही जींस है। कुछ दोस्त तो ये भी कह देते हैं, "कूल जींस ब्रो, सच जींस, मच स्वैग।"

अब ज़रा सोचिए, हमारा नायक जो रोज़ डे से प्रॉमिस डे तक सफलतापूर्वक निकल कर आ गया है, उसके मित्र कितने एक्साइटेड होंगे! कांड कर रहा है लौंडा और ख़ुशी सारे ग़रीब 'सिंगल' और 'डरपोक' दोस्तों को हो रही है। अब क्या करें जब अपने पास ख़ुशी न हो तो दूसरों की ख़ुशी में ख़ुश हो लेना चाहिए।

"और गुरू, कल तो मामला सेट है। हग डे! एकदम सही जा रहे हो। जैसे-जैसे बोले हमलोग वैसे-वैसे किए। छा गए।" एक दोस्त कहता है। दूसरा भी 'हाँ, हाँ' कहकर सहमति देता है। जो नायक है वो सोच रह है, "हाँ सालो, तुम्हारा कहा मानते ना तो रोज़ डे को ही पत्ता कट जाता! बात करता है।"

क़ायदे से देखा जाय तो यही एक दिन है जब दिल से दिल मिलता है, लिटरली! गले मिलना बहुत ही आरामदायक क्षण होता है। कहते हैं कि आमतौर पर उसकी समयावधि तीन सेकेंड होती है पर अगर आप बीस सेकेंड तक करें

तो दोनों पर बड़ा ही पॉज़िटिव असर होता है।

अभी तक जब तक बाहर-बाहर का ही काम था कि कुछ दे दिया, कुछ कह दिया तब तक चिरकुट दोस्तों की एंट्री नहीं हुई थी। चूँकि आप पिछले पाँच दिन से कुछ-न-कुछ कर रहे हैं इसका मतलब ये है कि लड़की इंटेरेस्ट दिखा रही है।

चिरकुट दोस्त सब ग़ज़ब-ग़ज़ब की छिछली बातें करेंगे जो कि यहाँ लिखा नहीं जा सकता। बस यही कहूँगा कि उनसे बचिए।

वो तो ठीक है कि हग करना है पर करें कहाँ? दिक़्क़त यहाँ ये हो जाती है कि लोग प्रेम भी करना चाहते हैं और कोई देखें भी नहीं! मतलब कॉलेज में अगर किसी ने देख लिया तो? या तो तुम दस लोगों को हग करो और एक के कान में कह दो कि 'तुम ही हो, बस तुम ही हो' लेकिन लौंडे को क्या पता। उसका तो दिल बैठ जाएगा कि ये तो सबको हग कर रही है!

साला पूरे पाँच दिन से रोज़ मैं दूँ, प्रपोज़ मैं करूँ, टेड्डी मैं ख़रीदूँ, चॉकलेट मैं खिलाऊँ, प्रॉमिस मैं करूँ और साला यहाँ हग फ्री फ़ॉर ऑल! क्या पता आशिक़ी टू वाला गाना सबके कान में गाया हो? लड़का पगला जाता है। बिना बात के तमाम चीज़ें सोचने लगता है। लड़कियाँ इतना नहीं सोचतीं। भाई अगर ऑप्शन्स हैं तो क्या हर्ज है ट्राय करने में!

लड़का रूम पर आएगा और फ़ील करेगा कि उसका दिल नहीं लग रहा। अगर ऐसी फ़ीलिंग ना हो तो भी फ़ील करेगा, ज़बरदस्ती। 'मेरी तो दुनिया ही लुट गई, सब लड़कियाँ ऐसी ही होती हैं, मैंने उसे क्या सोचा था।' ये तमाम बातें सोचेगा। एकाध सस्ती चीज़ तोड़ भी देगा, ग़ुस्से का फ़ील लेकर ख़ुद को जताने के लिए कि वो ग़ुस्सा है। शीशे का ग्लास या ख़ाली बीयर की बोतल ज़्यादातर इस समय का शिकार बनते हैं।

और ख़ुदा क़सम अगर इस टाइम कोई उँगलीबाज लौंडा मिल गया या पूछ दिया, "और भई कैसा रहा हग डे? मज़े लिए कि नहीं?" तो मन में ये आता है कि साले का मुँह नोच लें और गली के कुत्ते को खिला दें पर जज़्बात को ज़ब्त करके कहेगा, "अरे मस्त, सब ट्रैक पर है।" और दूसरा लौंडा उसकी सफलता की दाद देता निकल लेगा। उसके निकलते ही बीयर की एक और

बोतल टनाक् से फ़र्श पर!

लड़की क्लास कर रही है। उसे पता है कि उसने क्या किया है। वो शाम तक क्लास करेगी। उसे इमेज की भी चिंता है। वो ब्वायफ्रेंड बनने के पहले फ़्लाउंट नहीं करना चाहती। लौंडे तो गुलाब देकर बच्चों के नाम सोच लेते हैं!

आग दोनों तरफ़ है लेकिन लौंडा ग़ुस्से की आग में जल रहा है। कोशिश कर रहा है कि आज उसे कुछ अच्छा ना लगे। फ़ील ले रहा है कुछ भी अच्छा ना लगने का। दो चार भीष्म प्रतिज्ञा भी कर लेगा कि आज के बाद से किसी लड़की को देखूँगा तक नहीं, कोई नोट्स नहीं दे रहा, बनवा ले अब इवेंट के पोस्टर्स! सब नौटंकी है, इमोशन्स के साथ मज़ाक़ करती हैं, बहुत हो गया।

फ्रस्टेशन में मार्लबोरो की डिब्बी से छोटी गोल्ड फ़्लैक निकालेगा और लाइटर बड़े ही अजीब तरह की जल्दी में जलाएगा। बड़बड़ा रहा है सो अलग। सिगरेट मुँह के कोने में है, लाइटर से फ़ाइनली सिगरेट जलाता है और एक लंबा कश मारता है।

"ये कैसा टेस्ट है! साला नक़ली सिगरेट दे दिया क्या। साले सिगरेट में भी मिलावट? इतना दाम बढ़ा दिया, अब मिलावट भी।"

ये क्या? टेंशन में फ़िल्टर साइड में ही आग लगा दिया था!

तभी एक मैसेज आता है, "आर यू मीटिंग मी एट कमला नगर?"

लौंडा गोज़ बरसर्क! सारा ग़ुस्सा गया भाँड़ में। नई समस्या है कि क्या पहन कर जाए। चार लौंडों को फ़ोन किया, "वी हेव अ सिचुएशन!" "ऑन आवर वे", दोस्तों का रिप्लाय आता है। दोस्त लोग सारे काम छोड़कर दौड़ते हुए, ऑटो से, बाइक से जैसे भी हो पंद्रह मिनट में आ जाएँगे।

"हाँ बे, टाइप करो कि सॉरी आई वाज़ इन बाथरूम।"

"अबे नहीं यार बाथरूम आउटडेटेड लगता है, लू लिखो।" दूसरा लौंडा कंटम्परेरी ज्ञान देता है।

"हाँ लिखो, सॉरी आई वाज़ इन द लू। यस वी केन मीट। व्हाट टाइम?" लौंडा टकाटक टाइप कर रहा है और कह रहा है, "यार तुम लोगों ने दिन बचा लिया, साला हम पागल हो जाते। ये देखो फ़िल्टर साइड से सिगरेट में लाइटर

मार दिए थे।''

लड़की का जवाब आ गया। सारे लौंडे पागल हो गए। दो तो उठ के सालसा नाचने लगे, मतलब कोशिश करने लगे! ''शाम में साले पार्टी, साला हम दारू पी रहे थे, छोड़ के आए हैं, चलान कटा रास्ते में ड्रंकेन ड्राइविंग का सो अलग!''

ये होते हैं दोस्त। सारा हरामीपन एक तर.फ लेकिन नारी वाली बात पर सब एकजुट हो जाते हैं, मानो भारत-पाकिस्तान में जंग छिड़ी हो!

''अबे ये लो, मेरी जैकेट पहन लो। स्वेटर में मज़ा नहीं है। अबे जूता उतारो, इसका जूता पहनो। जींस गंदी है पर चलेगी। सर्दी में शर्ट का पता नहीं चलता। पैसे तो हैं ना जेब में? ये ले कार्ड। अबे रख लो। क्या पता ज़रूरत पड़ जाए। बेस्ट ऑफ़ लक!''

ख़ैर। इसके लिए एक दिन का होना मुझे नागवार लगता है। इसके लिए सि.र्फ एक ही दिन क्यों? गले तो रोज़ मिलिए, याद है ना बीस सेकेंड तक मिलने से पॉज़िटिविटी आती है।

बस ध्यान रखिएगा गले मिलने का दिन है 'गले पड़ने' का नहीं!

# सातवाँ दिन :
# चुंबन दिवस

चुंबन दिवस पर एकदम सिचुएशनल शेर आया है, महान शाईर श्री देव कोहली की तरफ़ से, फ़िल्म 'सबसे बड़ा खिलाड़ी' से:

ज़हर है कि प्यार है तेरा चुम्मा,
कैसा ये ख़ुमार है तेरा चुम्मा

आज 'क्यूटियापा सप्ताह' का सातवाँ और अंतिम दिन है: चुंबन दिवस।

चुंबन शब्द अपने-आपमें इतना ख़ूबसूरत है कि सुनकर ही मज़ा आ जाता है। हिंदी में तो और फ़ील ला देता है ये शब्द। चुंबक से लगता है प्रभावित है क्योंकि इसका आनंद चुंबक की तरह चिपक कर लिया जाता है। ये वो दिन है जब वो सारे लौंडे, जिन्होंने गुलाब, टैड्डी, चॉकलेट वग़ैरह पर पैसे ख़र्च किए

और वो लड़की द्वारा स्वीकार होता गया, अपने सारे उपहार का मोल वसूलने के फ़िराक़ में रहते हैं।

मैं इस प्रैक्टिस के डेड अगेन्स्ट हूँ। ये क्या बात हुई! अरे इतने गिफ़्ट लिए हैं तो वो भी तो सोच रही होगी तुम्हारे बारे में या तुम ये समझ बैठे हो कि बेटा आज ये सप्ताह ख़त्म तो सब बात ख़त्म! पगला गए हो क्या? ये तो शुरूआत है।

बेटा ये शुरूआत है आने वाले भविष्य का। ये शुरूआत है तुम्हारे मंथली बजट के माँ-बहन होने का। माँ-बहन के साथ-साथ बाप भी इसमें शामिल हो लेते हैं। क्योंकि पैसा आमतौर पर बाप का ही होता है। बाप लोग भी बेचारे होते हैं। उन्हें तो पता भी नहीं चलता कि क्या हो रहा है। लौंडा पैसा उतना ही मँगा रहा है लेकिन चाल-चलन बदल गए हैं। फ़ोन ज़्यादातर बिजी जाता है।

वापस आते हैं किस डे पर। किस-किस को किस मिलता है ये बड़े ही भाग्य की बात है। हमारा एक्सपीरियेंस तो ये कहता है कि किस उसे ही मिलता है जिनका पहले से कुछ चल रहा होता है बाक़ी लोग लड़की का चेहरा देखकर ही समझ जाते हैं कि 'रिग्रेट' वाला मेल आने वाला है, "डियर सर, वी रिग्रेट टू इनफ़ॉर्म यू दैट देअर आर नो वेकेंसीज़ दैट सूट योर प्रोफ़ाइल। हाउएवर, इफ़ वी हैव समथिंग इन फ़्यूचर वी विल सर्टेनली इन्फ़ॉर्म यू।"

वैसे ये दिन जो है मेरा फ़ेवरेट है। और जैसा कि अनुभवी युवक/प्रेमी जानते हैं (और अनुभवहीन युवक/एकतरफ़ा प्रेमी सोचते हैं) कि एक गहरा और सटीक (शब्द के चुनाव पर विशेष ध्यान दिया जाए) चुंबन अनमोल होता है, यही आपका दिन है अपने बाप के कमाए (और आपके द्वारा उड़ाए) पैसे की सही वसूली का।

आज के दिन सक्सेसफ़ुल लौंडे के रूम पर अच्छी भीड़ होती है। आज तो फ़ाइनल है, लौंडा कप लाने जा रहा है। माँग के, हिला के डियो मार-मार के वातावरण सुगंधित कर दिया है। एक चिल्लाता है, "अबे एक सौ अस्सी का है डियो! साले आज ही ख़त्म कर दोगे क्या?"

आज सारी अंग्रेज़ी फ़िल्म का किसिंग सीन लौंडे जीवंत कर देते हैं। कोई नहीं जानता कि अपना नायक क्या करेगा, कम्फ़र्ट लेवल किसिंग तक का

पहुँचा है या नहीं लेकिन अपनी-अपनी थीसिस निकाल लेंगे। कोई लोअर लिप एक्सप्लेन कर रहा है, कोई अपर लिप, तो कोई कहता है कि सोल्जर फ़िल्म में नाक टच हो जाती थी। "अबे भगाओ इसको! साला बॉबी देओल ख़ुद उस फ़िल्म को भूल चुका है, तुम याद रखे फिर रहे हो?"

मेरा मानना है कि आज के दिन का सक्सेस परसेंट बहुत कम होता है। किस इतनी आसान चीज़ नहीं है और होनी भी नहीं चाहिए कि एक दिन के नाम पर किसी से भी निबट लिए। ये बड़ी ही सेकरेड टाइप की चीज़ है, कम-से-कम हमारे समाज में। इन्टीमेसी बढ़े तो दिन-रात कीजिए पर चैरिटी तो बिल्कुल नहीं होनी चाहिए। दिल मिल जाए तो बात अलग है।

नौसिखियों से विशेष आग्रह है कि ठीक से होमवर्क करके जाएँ। अगर दो परसेंट भी लगता है कि दे आर गोइंग टू गेट लकी। या तो लेट हर टेक द लीड या फिर टाल दो। टालने से दो बात होती है, एक तो तुम्हारी कमज़ोरी छिप जाती है और दूसरी लड़की पर इम्प्रेशन मस्त जाता है रे बाबा!

लड़की सोचती है कि लड़का हीरा है हीरा। मौक़ा था लेकिन टाइम ले रहा है। वैल्यू करता है इन चीज़ों को। तुम्हारा तो भाई लेवल एलीवेट हो जाएगा। ग़ज़ब का इम्प्रेशन।

कभी-कभी 'पहली ना' आने वाले हज़ार 'अनकहे हाँओं' की नींव रखती है। (ये वाला लिख लो, फ़्लो में कई बार अच्छी बातें कह जाता हूँ। अरे लिख लो, कह रहे हैं काम आएगी)।

आजकल तो ग्लोब्लाइजेशन के कारण लिप्स्टिक में भी बहुत फ़्लेवर आने लगे हैं। नींद आ रही है? गर्लफ्रेंड के कॉफ़ी फ़्लेवर का आनंद ले लो! आइसक्रीम की इच्छा है? स्ट्राबेरी भी उपलब्ध है! "हमको अमरूद अच्छा लगता है, वो फ़्लेवर होता है क्या इसमें?"

"जूता खाओगे? साले लिप्स्टिक है बे, गाँव का बग़ीचा नहीं!"

ख़ाली ध्यान ये रहे कि ठोररंगा (लिप्स्टिक) का फ़्लेवर लेने के चक्कर में अपनी नाज़ुक प्रेयसी के चेहरे की पुताई ना कर देना! चुंबन का दुर्लभ सुख तो जाएगा ही जाएगा, गाली खाओगे सो अलग। बाक़ी सब ठीक है। मनाते रहो।

# आज प्रवचन का विषय है : प्रेम

आज का दिन है बृहस्पतिवार। इसे कई जगह पर वीरवार भी कहते हैं। कुछ जगह गुरुवार भी। क्योंकि सनातन धर्म में बृहस्पति को देवताओं का गुरु माना गया है। बृहस्पति सूर्य से पाँचवाँ और हमारे सौरमंडल का सबसे बड़ा ग्रह है। यह एक गैस दानव है जिसका द्रव्यमान सूर्य के हज़ारवें भाग के बराबर तथा सौरमंडल में मौजूद अन्य सात ग्रहों के कुल द्रव्यमान का ढाई गुना है।

भारत के चिरयुवा नेता श्री राहुल गाँधी जी ने भी इस ग्रह की चर्चा की थी जिस कारण इस पर चर्चा और भी ज़रूरी हो जाती है।

ख़ैर, प्रवचन के विषय पर आते हैं- प्रेम। इसे इश्क़, लव, लऊ, प्रीत, अमोर, प्यार और भी पता नहीं क्या-क्या कहते हैं। यहाँ तक कि इश्क़िया भी कहा गया है। ग़ौरतलब बात है कि 'लाइन मारना' प्रेम नहीं है, वो एक प्रक्रिया है प्रेम तक पहुँचने की। लेकिन मर्यादाओं का ध्यान रहे।

बहुत लोगों के लिए प्रेम के मायने अलग हैं। कुछ लगातार करते हैं। कुछ

का पेशा है। कुछ की ज़िम्मेदारी है। कुछ की मजबूरी है। प्रेम तरह-तरह की समस्याएँ लेकर आता है। शायद हम उसे समझने में ग़लती करते हैं। हमारा स्तर शायद वहाँ तक का नहीं है।

प्रेम में डूबना ये नहीं है कि बारह बजे रात में मोटर साइकिल स्टार्ट की और चॉकलेट फ़्लेवर केक लेकर उसके घर पहुँच गए, जान पर खेलकर। वहाँ उसका भाई दरवाज़ा खोलता है और आपको डिलेवरी ब्वाय बनना पड़ता है।

ये तो बस डूबने की प्रक्रिया है। उसमें आप साँप को रस्सी समझ रत्नावली से मिलने जा सकते हैं। विरक्ति के चक्कर में आँख फोड़ सकते हैं। चाँद लाने की भी बात मान सकते हैं। कमरे पर गर्लफ्रेंड आपकी आती है और सारे दोस्त कमरा लाइज़ोल (जो छोड़ जाता है भीनी-भीनी ख़ुशबू) से धो देते हैं। मतलब, इसमें सबकुछ संभव है और आपके चाहने वाले भी इसका हिस्सा कई बार ना चाहते हुए बन जाते हैं। उनसे बचकर रहिए।

लेकिन जब डूब जाते हैं तो फिर ये दुनिया क्षीण हो जाती है। आयाम इतने पतले हो जाते हैं कि समानांतर ब्रह्मांड की परिकल्पना सच हो जाती है। आप वहाँ पहुँच जाते हैं जहाँ परिभाषाएँ उलट जाती हैं। हारना जीतना हो जाता है, डूबना आपको पार लगा देता है, तपन से आनंद मिलता है।

प्रेम तो करो। साला ज़रूर करो। पैसे उधार लेकर करो। गिरो, पड़ो लेकिन प्रेम करते रहो। एक ही ज़िंदगी है, और एक ही बार में सही इंसान तक पहुँचना काफ़ी मुश्किल है। इसीलिए 'हिट ऐंड ट्रायल' का मंत्र आत्मसात कीजिए। दिल टूटेगा लेकिन मेडिकली ठीक ही रहता है।

दिल टूटना सिर्फ़ एहसास है, टेक्निकली वो बहत्तर बार प्रति मिनट के हिसाब से पंप करता रहता है। राइट ऑट्रियम, सेप्टम, वेन्ट्रिकल, एयॉर्टा सब सलामत रहते हैं। उस एहसास को झटक दो और आगे बढ़ो। साले, गुलाब वाले तुम्हारे जैसों के लिए ही तो देर रात तक दुकान खोले रहते हैं!

ये सब 'स्टेट ऑफ़ माइंड' है। प्रेम सुखद एहसास है बे, इसको पाने का प्रयत्न तो लगातार जारी रहना चाहिए। ये तो हक़ है। साड्डा हक़! अग़ल-बग़ल देखो। कमला नगर की अकेली लड़कियों को देखो। कॉलेज का वो हैंडसम हंक, वो नॉटी टीचर, पढ़ाकू शर्मीला लौंडा, सब तुम्हारी पहुँच में हैं। हाथ बढ़ाओ तो।

मोबाइल पर बार-बार व्हाट्सएप्प में 'लास्ट सीन' का टाइम स्टाम्प देखने से कुछ नहीं होगा। साले इतनी सर्दी है, चाय ही बनाकर पिला दो।

लंपटई से बचो। लड़कियाँ गधों को एक नज़र में पहचान जाती हैं। लौंडे नहीं पहचान पाते। साइंस कहता है। और झूठ बोलकर काहे प्रेम करना? फिर तो वो चूतियापे तक जाकर लौट ही आएगा। सच बोलो, जो तुम्हारे सत्य को स्वीकार करे वही तुम्हारे लिए है। यूनीवर्स उसी के लिए कॉन्सपायर भी करेगा।

आज कथा इतनी भई। इतिश्री रेवाखंडे सप्तमो अध्याय समाप्त। कल एक नए विषय पर चर्चा करेंगे, आपके अंदर बैठे परमपिता परमेश्वर को नमन।

# प्रेम-सा प्रेम

इश्क़ में जी को सब्र-ओ-ताब कहाँ
उससे आँखें लगीं तो ख़्वाब कहाँ

कल एक मोहतरमा से बात हुई। ख़ूबसीरत भी हैं और उतनी ज़्यादा ख़ूबसूरत भी। बात प्रेम पर हो रही थी कि प्रेम क्या है ? What does one do when in love ? और शायरों और कवियों का तो आपको पता ही है कि सूरज मद्धम कर देते हैं और चाँद में आग लगा देते हैं।

जबकि ऐसा होता नहीं।

बात का नतीजा ये था कि प्रेम में व्यक्ति ख़ुश रहता है, फ़िक्रमंद नहीं होता वो। प्रेम बाहर से जंक फ़ूड ख़रीद कर लाता है और प्रेम सोफ़े पर बैठकर घंटों बेबात की बात करता है। प्रेम दिन में डिनर करता है और रात को टीवी देखता है। टीवी पर क्या देखता है ये ग़ैरज़रूरी है, टीवी का चलना और अमेरिका ने

अफ़गानिस्तान में हमला कर दिया इन सबसे बेख़बर होता है प्रेम। लेकिन प्रेम संवेदना नहीं खोता। प्रेम आतंकवाद की ख़बर शायद न पढ़ता हो पर पता चलने पर दुःखी ज़रूर होता है।

प्रेम क्लास भी करता है। वो सारे इवेंट का हिस्सा भी होता है और प्रेम दिन भर थकता भी है। और शाम को प्रेम तुम्हारे दोस्तों के साथ हँसी-मज़ाक़ भी करता है। प्रेम प्रेम भी करता है, स्नेहिल स्पर्श और मीठा चुंबन भी देता है। प्रेम में प्रेम पहली चीज़ नहीं होती। प्रेम साथ होना है, प्रेम बातें करना है और प्रेम रात के एक बजे हेलमेट लेकर खड़ा होना भी है, "चलो बाहर चलो, कहीं घूमने चलते हैं!"

प्रेम को मतलब नहीं होता कि वो जगह कौन-सी है। कभी प्रेम बाइक पर आगे होता है, कभी पीछे। प्रेम कानों में गुनगुनाता है और होंठों को हेलमेट के क़रीब लाकर कहता है, "इंडिया गेट चलो!" लेकिन रास्ते में कहता है, "मुझे निज़ामुद्दीन में पराठे खाने है।" प्रेम चौंकाता है, प्रेम थकाता है पर थकता नहीं।

प्रेम डाँटता भी है, डाँट खाता भी है, छुपता भी है, छुपाता भी है, डरता भी है और भाई से पंगे भी लेता है। प्रेम पवित्र है। प्रेम न नमाज अदा करता है ना घंटियाँ बजाता है। प्रेम नमाज़ भी अदा करता है और घंटियाँ भी बजाता है। प्रेम के लिए भौतिक चीजें गौण हैं और अदृश्य चीज़ों का आकार है। प्रेम छिपाता है प्रेम से, प्रेम बताता है प्रेम से। प्रेम हँसता है, प्रेम रोता है। प्रेम जटिल है, प्रेम सरल है। प्रेम ठोस की तरह अडिग और पानी जैसे बहाव वाला, तरल है।

मीर कहते हैं कि प्रेम में इंतज़ार करना नहीं आता। प्रेम सोता हुआ भी जगता रहता है। प्रेम में जो घटित होता है वही स्वप्न है। प्रेम स्वप्न का अगला पड़ाव है और प्रेम सपने से ज़्यादा हसीं और वास्तविकता से ज़्यादा ख़ूबसूरत है।

# टास्क दिखाओ जी

"टास्क दिखाओ जी।"

"सर, वो... वो सर... वो भूल... भूल गए!"

"अच्छा? भूल गए?"

"ज...ज...जी... जी सर, भूल गए।"

"ओह! अच्छा कल खाना खाए थे?"

"जी सर, खाए थे।"

"रात में सोए थे?"

"जी सर सोए थे।"

"अच्छा! खाना नहीं भूले, सोना नहीं भूले लेकिन टास्क भूल गए! रे मॉनीटर! एक सट्टी (बाँस की पतली छड़ी) लेकर आओ, हरी वाली।"

और उसके बाद हमारे कोमल-कोमल, आठ-दस साल के नन्हे-नन्हे

पिछवाड़े पर हरी-हरी छड़ी से लाल-लाल दाग उभर आते थे। और हमारे बापों को जब ये पता चलता था तो वो कहते थे, ''ये स्कूल अच्छा है, यहाँ लड़कों को सीधा रखते हैं। इसको (छोटे भाई को, या जो माँ के पेट में ही है) भी वहीं भेजेंगे।''

यही नहीं अगर आप दो दिन घर में स्कूल से ख़ुश होकर लौटे हैं और शाम में मास्टर साहब घर आ जाएँ तो बाप और मास्टर साहब की वार्तालाप कुछ यूँ होती थी:

''मा'ट सा'ब, आजकल लगता है ध्यान नहीं दे रहे हैं लड़कों पर?''

''अरे नहीं सिंह साहब, बहुत ध्यान देते हैं। कल ही सोंटे हैं गणित में निन्यानवे ही लाया था।''

''अच्छा। नहीं दो दिन से ख़ुश लग रहा था इसीलिए पूछे थे। आप सोंटने में कमी मत रखिए, आपही का लड़का है। हमारे तरफ़ से एकदम फ्री हैं। तोड़ दीजिए मार के लेकिन पढ़ने में कमी नहीं करे। कोताही करे तो देह तोड़ दीजिए। नहीं पढ़ेगा तो करेगा क्या! घास तो काटना होगा नहीं इससे!''

''अरे बिल्कुल। कहने वाली बात है ये! आजकल खजूर का सट्टी (छड़ी) से देते हैं, चमड़ी खींच लेता है अपने साथ। आपलोग बस निश्चिंत रहिए। अब चलते हैं। प्रणाम!''

''प्रणाम! बस ध्यान रखिएगा। वहाँ आपही माय-बाप हैं इसके।''

आप सोचिए कोने में खड़े लौंडे और किचन में सुनती माँ पर क्या बीतती होगी। ये कहानी हमारे पूरे जेनरेशन की है, जो हमारे इलाक़े के प्राइवेट स्कूल-हॉस्टल में पढ़ते थे। और आज भी वो मास्टर साहब हमारे पिताजी को देखते हैं तो हमारी सारी उपलब्धियों का क्रेडिट लेते हैं।

# रेल यात्रा विशेष : धरफराइए मत

"अरे धरफराइए मत। ऐ भाई! काहे इतनी जल्दी है। ट्रेन बहुत देर रुकेगी। सबको जाना है। अरे चढ़ो न जी जल्दी। हाँ बढ़ो आगे।"

ये सज्जन पीछे से डायरेक्शन दे रहे थे। बाक़ी दुनिया से कह रहे हैं कि 'धरफराइए मत' और अपनी बेग़म को जल्दी घुसाने पर तुले हुए हैं। ज्ञान पेल रहे हैं सो अलग!

ख़ैर। तीन बच्चों, दो दादियों और एक किशोरी को दरवाज़े से दाख़िल कराते हुए हम भी ग़रीब रथ की छठी कोच में घुस लिए। भीतर अलग मारा-मारी है। सँकरी-सी गली है। जैसे साला हमारी पुरानी गर्लफ़्रेंड की गली हो गई कि सबको एक नज़र देखना है।

"अरे आगे बढ़ते रहिए भाई।"

"क्या चाचा उड़ के चले जाएँ? दिख नहीं रहा जाम लगा हुआ है।" हमने कहा। पीछे मुड़ के देखा तो वही ज्ञानी पुरुष थे।

काफ़ी अफरातफरी के बाद सीट पर पहुँचे और खिड़की के पास ख़ाली जगह पर बैठ गए। एक महिला आईं और हमारे पास बैठ गईं। उनके खाबिन्द आए और हमसे कहने लगे कि वो सीट, जिस पर हम बैठे थे, उनकी थी।

हम इर्रिटेट हो गए। और वैसे भी हम ज़्यादातर इर्रिटेट ही रहते हैं। चार दिन चूतियों की तरह एजेंट को अपनी शक्ल दिखा-दिखाकर और 'नहीं हो पाया' सुन-सुनकर भरे बैठे थे।

"आपको यहीं बैठना है क्या? यहीं खिड़की के पास? एसी कोच में हवा चाहिए आपको? आइए आपही की सीट है, सो जाइए!"

"अरे नहीं। हम तो अपना सीट मिला रहे थे। आप बैठे रहिए। थोड़ा एडजस्ट कर रहे हैं न!"

हम बोलते-बोलते उठ खड़े हुए और उसे लगा मार-मूर न दे। बेचारा डर गया। हमारी देह-दृष्टि देखकर कोई भी डर जाए कि कहीं और ग़ुस्से में रहा तो हार्ट अटैक न पड़ जाए। "सब ठीक है। आप वहीं बैठिए।" उसने अपना सामान रखते हुए कहा।

और फिर किसी चिरकुट ने, जैसा कि हमारी तरफ़ जाने वाली हर ट्रेन में होता है, अपना चाइनीज़ मोबाइल बजा दिया, "हो रब्बा कोई तो बताए प्यार होता है क्या..."

कभी-कभी तो लगता है कि बिहार की तरफ़ जाने वाले ट्रेन के यात्रियों को किसी ऋषि-मुनि का शाप मिला हुआ है कि 'तेरा दिल टूटे या न टूटे तू हमेशा ऐसे ही गाने सुनेगा।' लगता है पूरे बिहार में जो भी आदमी अपने मेमोरी कार्ड पर गाना डलवाने जाता है वो नितीश कुमार की 'सरकार द्वारा जारी फ़ोल्डर' से गाने देता है जो कि सारे राज्य में बिल्कुल सेम हैं। आप पूरे राज्य में किसी का मोबाइल ले लीजिए। पान की दुकान पर खड़े हो जाइए। बस, टैक्सी, ट्रैकर, कार में बैठ लीजिए। दिल-ए-तबाह गानों को छोड़कर कुछ नहीं बजता। मानो पूरे राज्य को किसी लड़की ने एक साथ धोखा दे दिया हो।

वैसे भी जहाँ पूरे राज्य के सब पेपर में नितीश बाबू का गुणगान होता है उस

हिसाब से अगर फ़ोल्डर वाली बात भी सच हो तो कोई आश्चर्य नहीं।

ख़ैर, उन सज्जन की नयी दुल्हन को हमने अपनी सीट दे दी। जब देखा कि हमारे कम्पार्टमेंट में एक नवयुवती आकर हमारे सामने की सीट पर बैठी। पर ये क्या साथ ही उनकी अम्मा भी किसी से झगड़ते हुए आ गईं!

हमारी बाँछे खिलीं और मुरझा गईं। अब सामने बैठकर देखें भी तो कैसे! सो हमने एक तीर से दो शिकार किया। सीट अदला-बदली कर ली कि उनके रुख़सारों को देखें और तरह-तरह से देखें और उनकी अम्मा से बचकर देखें।

हम मंटो की कहानियाँ पढ़ रहे थे और बग़लवाली मोहतरमा की आँखों का तारा, जो कोई दो साल का होगा, ऐसे दिलचस्पी ले रहा था जैसे उसने चुगतई पढ़ रखी हो और किसी ने उसे कहा हो कि मंटो भी ग़ज़ब लिखता है। चुनांचे उसने जोश में आकर दो-चार पन्ने पलट के हमें अंग्रेज़ी के कुछ एल्फ़ाबेट्स तो बताए ही, साथ ही अपनी लार की कुछ बूँदें हमारे जीन्स पर टपका दी।

सामने वाली परीचेहरा मोहतरमा ने धीमे से एक मुस्कान दे दी। मतलब ठीक है, लंबे हैं, देखने में भी बुरे नहीं, मंटो की किताब मेरे इंटेलेक्चुअल होने का सबूत दे ही रही है तो आप लाइन मारेंगी! हद है, स्मार्ट होना तो गुनाह-ए-अज़ीम हो गया है!

चलो कोई बात नहीं। हमने भी आँखों-ही-आँखों में जवाब-ए-लाइन दे दिया।

हमारा नया नवेला प्यार मासूमियत से निकलकर आगे बढ़ने ही वाला था कि बग़ल के कम्पार्टमेंट की चाचीजी से कोई बेवक़ूफ़ उलझ पड़ा। चाचियों से बेवक़ूफ़ ही उलझते हैं। हमें देखिए हम अपनी सगी चाचियों तक की बातों का जवाब नहीं देते, जबकि उनकी आधी बातें बेमतलब की होती हैं।

चाचीजी ने कहा, शायद सीट नंबर को लेकर कुछ चक्कर था, "एवरीबॉडी सिट ओन हिज सीट, व्हाट्स द प्रॉब्लम!"

कहने का तात्पर्य यह था कि अगर सब अपनी-अपनी जगह पर बैठें तो कोई समस्या नहीं होगी। उनकी अंग्रेज़ी एक पल मुझे भी समझ में नहीं आई फिर याद आया कि ट्रेन बिहार जा रही है और वहाँ फ्रेंच भी भोजपुरी लहज़े में बोली जाती है। ग्रामर से पता न चले तो टोन से पता चल जाता है कि आदमी

पूछ रहा है या बता रहा है। चाचीजी यहाँ बता रही थीं, हमने टोन से पता लगा लिया।

ख़ैर, ज्योंही उन्होंने अंग्रेज़ी बोला, डिब्बे की लाइट चली गई। और इसपर एक ज्ञानी जन ने कहा, "अंग्रेजी बोलिएगा तो लाइटे चली जाएगी!"

और कुछ लोग हँसने लगे। सामने वाली मैडम भी हँस पड़ीं। अब वो हँसीं तो हमें भी हँसना पड़ा। इतने दिन में ये तो सीख ही गए हैं कि मैडम लोग हँसें तो हँस लो, वर्ना कोई भी मंटो, अमृता प्रीतम की किताब हाथ में हो, फ़र्क़ नहीं पड़ता। बोल देंगी, "अरे सब ठीक था बंदा, लेकिन सेन्स ऑफ़ ह्यूमर नहीं था।"

और ये सेन्स ऑफ़ ह्यूमर वाली ग़लत धारणा ये साले टाइम्स ऑफ़ इंडिया वालों की देन है। "फाइव थिंग्स देट विल टेल यू ही नीड्स यू", "सेवेन थिंग्स टू नो योर परफ़ेक्ट मैन", "टेन थिंग्स दैट मैन हेट", "एट थिंग्स दैट अ परफ़ेक्ट पार्टनर मस्ट हैव"

घंटा! सालो, मेरे पास है, "अ थाउज़ेंड थिंग्स दैट टाइम्स ऑफ़ इंडिया मस्ट डू टू बी कॉल्ड अ न्यूज़पेपर"! इनके निकम्मे रिपोर्टर अपने मन की बातें लिखते हैं और जितने पॉइंट पर उनकी दिल्लगी ख़त्म हो जाती है उस नंबर को हेडलाइन में डाल देते हैं।

तो भैया हमने भी जवाबी सेन्स ऑफ़ ह्यूमर दर्शाते हुए मद्धम-मद्धम गीली गुलज़ार वाली हँसी हँस दी। गीली हँसी के लिए आपके लिप्स का भीगा होना ज़रूरी है, टाइम्स ऑफ़ इंडिया ऐसा कहता है।

इतने में वो शहर आ गया जहाँ वो ऐतिहासिक झुमका गिरा था और ऐसा गिरा कि आज तक नहीं मिला। बरेली से एक और माताजी अपनी लाडली बिटिया को लिए चढ़ीं। वो भी दो साल की ही होगी। बहुत ही प्यारी-सी थी। सर पर दो फ़ाउंटेन बनाए हुए, आँखों में काजल और बिना बात के हँसती हुई वो बहुत सुंदर थी। या पता नहीं कुछ बात हो जो हम जैसे 'सभ्य' लोगों को समझ में न आती हो। क्योंकि हमारी सच्चाई, मासूमियत, हँसी सब सामने की भीड़ पर निर्भर है। उस बच्ची को क्या, उसे इस भीड़ से क्या वास्ता!

अचानक से इस दो साल के लौंडे ने तबाही मचा दी। हमउम्र लड़की

देखकर हो-हल्ला मचाने लगा। जितनी ए बी सी माँ बाप ने सिखाई थी, एक सुर में निकाल गया।

अब देखिए इनके जो बाप थे उनकी मासूमियत, "ये इतनी गोरी कैसे है? बहुत सुंदर है?"

तो उनके भाई ने जवाब दिया, "अरे बोतल से दूध पीती होगी।"

ओह बैंचो! ये तो नई टेक्नोलॉजी है! क़ाबिलेतारीफ़ बात ये थी कि पूरे कम्पार्टमेंट में उसे ऐसे सुना जा रहा था मानो वो नोबेल प्राइज़शुदा साइंसदानों के बीच पेपर नज़र कर रहा हो। हमने अपने बाप को उसी वक़्त मन-ही-मन गाली दी कि किसी बढ़िया जगह पर ख़र्च करके भेजते, कम-से-कम कुछ साइंटिफ़िक बेंट तो हो जाता माइंड का!

हमने सोचा कि इस वैचारिक गोष्ठी का हिस्सा बनने के बजाय जाकर अपना तकिया-कंबल ले आऊँ। वहाँ एक श्रीमान ये सामान बाँट रहे थे। हमने कहा, "हमारा टिकट के साथ पेड है, एक हमें दे दो।"

उसने हमारी तरफ़ सवालिया निगाहों से देखा और अपने काम में लग गया मानो कह रहा हो कि ठीक है, काम करने दो। फिर हमने ये रियलाइज़ किया कि इसका तो यही काम है, कम्बल बाँटना। "अंकल मुझे भी दे दो एक, G6 33 का। पेड है। आप लिस्ट देख लीजिए।"

"हमारे पास कोई लिस्ट नहीं है। टिकट दिखाइए अपना। ये नहीं चलेगा मोबाइल वाला।"

"ये क्या बात हुई, अब क्या हम छापें बैठकर टिकट! पूरी दुनिया पेपर बचाने में लगी है, सब कुछ डिज़िटल हो रहा है और आप पेपर-पेपर कर रहे हो। अजीब हाल है इस देश का!"

मतलब जो भी हो, कहीं भी फँसने लगिए, कोई इर्रिटेट करे, लॉजिक जहाँ नहीं चले, देश के हाल पर दो लाइन मार दीजिए। इससे होता कुछ नहीं है, सामने वाला समझता है कि फ़्रस्ट्रेटेड है, दे दो यार। हटाओ नहीं तो दिमाग़ खा जाएगा!

लेकिन उसने ऐसा नहीं किया। बोला कि दो डिब्बा छोड़कर जाओ, उसके पास लिस्ट होगी उससे ले लो। मैं गया लेकिन लिस्ट उसके पास भी नहीं थी।

बात ये है कि लिस्ट किसी के पास नहीं होती। सब इधर-उधर दौड़ाते रहते हैं साले। अब गाली दो, तो लड़कियाँ कहती हैं कि 'फ़ाउल-माउथेड' है। वो ये नहीं देखतीं कि आदमी अपने हक़ के लिया लड़ रहा है और इस देश में ऐसा करने का टाइम बहुत कम लोगों के पास है।

चलिए, हमने 25 रुपये दे ही दिए और मन-ही-मन सोच लिया कि अगर साले ने सुबह अपने वादे के मुताबिक पैसे नहीं लौटाए तो चादर लेकर उतर जाऊँगा और बाइक पोछूँगा उससे साल भर।

वापस आए हम अपने कम्पार्टमेंट में। मोहतरमा की नज़रें ऐसी लगीं मानो हमारा इंतज़ार हो रहा हों। या हो सकता है ये हमारे मन का वहम हो। लड़कों के साथ ये दिक़्क़त है। वैसे जब संजीव कुमार जैसे हीरो स्टेज शो के दौरान हेमामालिनी की आम नज़र को अपनी तरफ़ आती ख़ास मानकर पगला जाते थे तो हम तो निहायत ही छोटे क़िस्म के इंसान थे।

तभी चाइनीज़ मोबाइल की कर्कश आवाज़ गूँजी, "नज़रें मिली, दिल धड़का, मेरी धड़कन ने कहा..."

अजी कुछ नहीं कहा। बस वो हमारे, उस गाने को सुनकर बनाए हुए, विचित्र चेहरे को देखकर (शायद) मन-ही-मन खिलखिला पड़ीं। हाय, बुरा हो ऐसी मासूमियत का!

वैसे एक बात जो हमने इस पूरी यात्रा के दौरान नागवार पाई वो ये थी कि भारत या बिहार की राजनीति पर कोई परिचर्चा नहीं हो रही थी। आमतौर पर मैं साल में चार बार ट्रेन के सफ़र में अपने देश और राज्य के राजनैतिक समीकरणों से दो-चार हो लेता हूँ जो कि मेरे पूरे साल के समाचारपत्रों और अपने दोस्तों के साथ हुई वार्ताओं को कठघरे में खड़ा कर देता है। शायद इसका ये भी कारण हो कि मेरे कम्पार्टमेंट में ज़्यादातर महिलाएँ थीं या दो साल के बच्चों के बाप जो आधे सफ़र इसी चक्कर में व्यस्त रहे कि कहीं उनके लाडले किसी के ऊपर गंगा न बहा दें, या कहीं ऊपर की सीट से कूद न जाएँ।

बातों-ही-बातों में (मतलब मेरे और मेरे मन की बातों में) अगला स्टेशन आ गया और वो परीचेहरा हसीना हमारे सामने से निकल गईं। हम एक स्माइल भी पास न कर सके। लेकिन भला हो ऊपर वाले की इनायत का, उनकी जगह

पर एक दूसरी ख़ूबसूरत कन्या आकर बैठ गई।

दुर्भाग्य ये कि उनके साथ भी उनकी माताजी थीं। हम टेंशन में आकर अपने ऊपर वाली सीट पर जाकर मंटो की किताब में 'टिटवाल का कुत्ता' पढ़ने लगे।

# डूड धर्म का इतिहास, वर्तमान और भविष्य

बात बहुत पुरानी है, शायद तब की जब हिमालय टेथीज़ सागर के छिछलेपन को चीरते हुए ऊपर की ओर निकल रहा था। भारत, जो कि उस समय पता नहीं किस नाम से जाना जाता था, हिमालय के दक्षिण में स्थित था और वहाँ की जलवायु लोगों के बसने के लिए बिल्कुल सही थी। काफ़ी लोग वहाँ आकर बसे और एक समाज बना।

उसी समाज में एक आदिमानव रहता था। जिसने अपने नाम उस समय के परंपरा से परे 'कूल डूड' रख लिया था। उसकी ख़ासियत, जो कि आज इस देश का सामूहिक दुर्भाग्य बन गया है, ये थी कि वो अभी भी इवॉल्यूशन के लिहाज़ से बाक़ियों से दो स्टेप नीचे था पर सोचता था कि वो बाक़ियों से कई क़दम आगे है और ख़यालात में मॉडर्न है।

एक बार की बात है। लोग शिकार पर निकले। साथ में श्री कूल डूड भी

थे। दल का नेता समझा रहा था कि कैसे और कब तीर-वीर चलाना है कि तब तक कूल डूड ने नदी किनारे किसी को तीर मार दिया। थोड़ी दूर जाने पर दिखा कि बाघ जैसा कुछ है लेकिन लंबा बहुत है। पता चला कोई साधू महाराज बाघ प्रिंट वाला चाइनीज़ कंबल ओढ़े हुए पानी लेने आए थे।

मरते हुए साधू महाराज ने शाप दिया, ''जो तू बिना सोचे-समझे कुछ भी करता है, और सिर्फ़ दस परसेंट को देखकर पूरी बात का अंदाज़ा लगाकर काम करता है, इसीलिए आज के बाद से तुझ जैसे का मानसिक विकास रुक जाएगा और तू ऐसी ही ज़लील हरकत करता रहेगा और उपहास का पात्र बनेगा।'' इतना कहकर साधू महाराज ने दम तोड़ दिया। ये बात आजतक डूड लोगों को पता नहीं है।

कूल डूड ग़ुस्सा हो गया और अपने चेलों के साथ उस एरिया से बाहर की ओर बढ़ने लगा और फिर आज के दिल्ली के आसपास आकर बस गया। फिर एक लाइफ़स्टाइल चलाई जिसमें उसने बेसिक रिक्वायरमेंट रखी कि कोई भी बंदा किसी भी बात पर सोच-विचार नहीं करेगा और बिना सोचे-समझे ही सारे काम करेगा।

सैकड़ों साल बीत गए और फिर ऐसे लोगों ने इस समाज के लोगों के लिए अपने प्रवर्तक के नाम पर धर्म चलाया जिसका नाम दिया गया 'डूड धर्म।' एक-दूसरे को डूड धर्मावलंबी 'यो डूड' कहकर बुलाते थे जैसे कि कम्युनिस्ट लोग हर एक को 'कॉमरेड' कहकर बुलाते हैं।

डूड धर्म काफ़ी सालों तक सिर्फ़ पुरुषों तक ही सीमित रहा पर जब कुछ डूडों ने देखा कि उनकी तरह की लड़कियाँ भी काफ़ी संख्या में हैं तो उन्हें भी शामिल करने की बहस हुई। उस समय के कूल डूडों ने अपनी तरह के कई डूडों को भारत के बड़े-बड़े शहरों (जहाँ आजकल मुंबई, चेन्नई, कोलकाता इत्यादि है) में जायज़ा लेने भेजा।

परिणाम उम्मीद से दुगुना अच्छा आया और तबसे लड़कियों को भी डूड धर्म में शामिल किया गया (क्लासिक पेट्रियार्कल माइंडसेट) और उन्हें 'हाट चिक' (हॉट नहीं, बस हाट) कहा जाने लगा। इसके बाद डूड धर्म दुनिया के बड़े-बड़े धर्मों से भी आगे निकल गया।

मुग़लकाल में तो ऐसी हवा चली कि कहा जाता है सम्राट अकबर राज्य

विस्तार के लिए एक 'हाट चिक' से राजनीतिक शादी पर आमादा हो गए। डूड धर्मावलंबियों ने इसका विरोध किया की उनका 'जीन' प्योर है और उसमें वो कोई मिलावट नहीं होने देंगे।

अकबर इस बात से बौखला गया और उसके बाद से उसने एक नए कर (टैक्स) 'डूडीया कर' का ऐलान कर दिया। टैक्स इतना ज़्यादा था की डूडों की हवा निकल गई और हाट चिकों के समझाने पर क़रीब बीस साल बाद मुग़लों और डूडों में समझौता हुआ। इसे 'ट्रीटी ऑफ़ डूडाई' के नाम से जाना गया।

अब डूड धर्म के लोग बाहर वालों से भी शादी करने लगे और यही कारण है कि आज अच्छे-भले लोगों के घर डूड्स या हाट चिक्स पैदा हो रहे हैं। अब कहना मुश्किल है कि आर्यन्स की तरह प्योर जीन वाले डूड कितने हैं और कहाँ हैं। हालाँकि, महान इतिहासकार अजीत भारती का मानना है कि दिल्ली तथा अन्य मेट्रोज़ में आज भी कूल डूड्स (और हाट चिक्स) भारी संख्या में बैचलर डिग्री इत्यादि करने की कोशिश में लगे हुए पाए जाते हैं।

वो दिन था और आज का दिन है, इनके प्रवर्तक श्री कूल डूड द्वारा सुझाया हुआ मार्ग, 'कोई भी बंदा किसी भी बात पर सोच-विचार नहीं करेगा और बिना सोचे-समझे ही सारे काम करेगा' आज भी अक्षरशः प्रचलन में है।

आज की तारीख़ में कूल डूड्स, डूडेट्स, हाट चिक्स और चिक्लेट्स का ये मानना है कि वो बाक़ी दुनिया (व्यापक अर्थ में लें) से सिर्फ़ इसीलिए आगे हैं क्योंकि वो उजले कमोड पर सुबह-सुबह फ़ैशन मैगज़ीन पढ़ते हैं। ये और बात है कि उन्हें दीन-दुनिया की कोई ख़बर नहीं होती। अपने इस 'कमोड-कृत्य' को ये मॉडर्निटी या मॉडर्न होना भी बताते हैं।

ये भले ही पॉलिटिकल साइंस पढ़ रहे हों पर देश की पॉलिटिक्स से कोई लेना-देना नहीं होता और इस बात में इन्हें मौत के सत्य होने से ज़्यादा विश्वास है कि पॉलिटिकल साइंस एक सब्जेक्ट है और उसका पॉलिटिक्स से उसी तरह कोई वास्ता नहीं जैसे कि गुलाब जामुन में न तो गुलाब होता है न ही जामुन!

अंग्रेज़ी इनकी इतनी हाई-फ़ाई (ऐसा ये सोचते हैं) है कि बड़े-बड़े जानकार इनकी पूँछ नहीं पकड़ पाते। हिंदी बोलने में उन्हें इतनी ही शर्म महसूस होती है जितनी नयी-नवेली दुल्हन को पहली बार घूँघट उठाने में। और ये

स्वीकारने में इन्हें काफ़ी गर्व होता है कि 'I know Hindi थोड़ा-थोड़ा!'

ग़ौरतलब ये है कि इन्हें कोई भी भाषा ढंग से नहीं आती। इसीलिए ये अपने दिमाग़ी स्तर के हिसाब से रोज़ नए-नए शब्द का आविष्कार करते रहते हैं और अपने जैसों को बताते रहते हैं। इन्हें बाक़ी दुनिया मूर्ख नज़र आती है क्योंकि वो इन्हें 'समझ' नहीं पाती।

इनमें से कई अपने शरीर के कई अंगों पर (कुछ तो लिखने लायक़ नहीं है) टैटू बनवाते हैं, जिनका मतलब न ही वे और न ही उनके डूड दोस्त और न ही दुनिया के बाक़ी 6.8 बिलियन इंसान समझ पाते हैं। इनसे अगर पूछ लो तो वो यही कहते हैं, "यही तो इसे बनवाने का एम है कि किसी को कुछ समझ में न आए! समथिंग यूनीक, यू नो!"

ये आइडेंटिटी क्राइसिस से जूझते हुए वो बेचारे हैं जो कुछ करने से पहले ही हार मान लेते हैं और फिर अजीब-अजीब हरकत (गले में नेकफ़ोन टाँगे बिलावजह गर्दन झटकाते दिखेंगे। कभी-कभी तो आप डर जाएँगे कि कहीं गर्दन टूटकर नीचे न गिर जाए!) करते हुए दूसरों का अटेंशन पाने की नाकाम कोशिश करते मिलेंगे।

इनके फ़ेवरेट शब्दों में से कुछ हैं : चिल मैन, स्वैग, व्हाट्स अप (आजकल सिर्फ़ स्स्स्सप?), प्रेट्टी कूल ना?, लीव इट डूड (classic escapist nature), सुपर कूल मैन, दैट्स क्यूल, इट्स रॉक्किंग...

आज की स्थिति को देखते हुए ये अंदाज़ा लगाया जाता है कि निकट भविष्य में कूल डूड्स, डूडेट्स, हाट चिक्स और चिक्लेट्स की संख्या बढ़ती रहेगी और क़यामत के रोज़ सभी बाक़ी धर्मों के देवता बाक़ी लोगों से ये पूछेंगे कि इन्हें रोकने के लिए उन्होंने क्या किया? ख़ैर एक सवाल हर भगवान से पूछा जाएगा कि जब ये डूड और चिक्स गंद मचा रहे थे तो वो ख़ुद क्या कर रहे थे? किसी पैग़ंबर, मसीहा या अवतार को सृष्टि को बचाने क्यों नहीं भेजा?

# बुद्ध-आनंद संवाद

हि.फ़ज़ुल कबीर

# हरामख़ोरी क्या है?

एक बार बुद्ध अपने शिष्य आनंद के साथ वॉक पर निकले।

आनंद ने पूछाः भगवन्, हरामख़ोरी क्या है?

बुद्ध अवाक् रह गए, बोले : क्यों? इस समय यह प्रश्न? लेकिन अब पूछा है तो सुनोः

''एक बार दूर दिल्ली के एक फ़्लैट में कोई रहता था और संगीत सीखता था। वह इतना टेलेंटेड था कि वेस्टर्न, इंडियन क्लासिकल दोनों की प्रेक्टिस करता था। और तो और वह वोकल्स की भी प्रैक्टिस करता था। चूँकि रिहायशी इलाक़ा था इसीलिए बग़ल के छः घरों तक उसकी आवाज़ वक़्त-बेवक़्त आती थी। लोगों ने काफ़ी विरोध किया पर वह कभी भी शुरू हो जाता था!

यही हरामख़ोरी है।''

आनंद उवाचः, ''भगवन्, परंतु इसका उपाय क्या है? जे ता गल्त बात

हैगी!''

गौतम उवाचः, ''पुत्र सही और ग़लत कुछ नहीं है। दीज़ आर जस्ट स्टेट्स ऑफ़ माइंड। एक ही चीज़ एक जगह सही, और एक जगह ग़लत हो सकती है। तुम जानना चाहोगे कि उस हरामख़ोरी का जवाब क्या है?''

आनंद उवाचः, ''व्हाई नॉट! गो अहेड! इसीलिए तो इंटर्नशिप की थी कि आपसे कुछ सीखूँ।''

बुद्ध ने देर तक आकाश की ओर देखा और बोले, ''भक् साला! आज भी बारिश होगी। ख़ैर! ये बात तो ग़ौरतलब है कि कमज़र्फी और ज़हालत में दुनिया बहुत मशरूफ़ रहती है और ज़हीन लोग ख़ुद को ज़ब्त किए रहते हैं, सोचते हैं कि झगड़ा कर के क्या करना।

ऐसा हुआ कि एक पड़ोसी एक फ़ाइव प्वाइंट...''

आनंदः ''... समवन! फ़ाइव प्वाइंट समवन ना?''

बुद्ध खिसिया के बोले, ''भारी बुरबक आदमी हो बे! हद चिरकुट हो जी! इसीलिए मैं सीवी देखकर इंटर्नशिप नहीं देता।''

''पड़ोसी जो था ऊ ले आईस फ़ाइव प्वाइंट वन। स्पीकर सिस्टम। क्या आवाज़ थी! जब मैं भिक्षाटन पर गया था और 'चार बोतल वोदका' बज रहा था, फिर 'बेबी डॉल' भी बजी! आनंद-ही-आनंद!

ख़ैर, मैंने घरवाले से पूछा तो उसने कहा, ''भगवन्, जब ये साला गला फाड़ कर जिस गाने की प्रेक्टिस करता है ना मैं यूट्यूब से उसका रिमिक्स फ़ुल साउंड पर बजा देता हूँ और एक स्पीकर उसकी खिड़की की तरफ़ कर देता हूँ।''

ये है बड़ी हरामख़ोरी या हरामख़ोरी का जवाब! औ' मेरे साथ रहना है तो लेटन हगत पढ़ना बंद करो। भगा दूँगा किसी दिन मूड सटका तो!''

आनंदः ''भगवन् सर्टिफिकेटवा मिली की ना?''

बुद्ध फिर समाधिस्त हो गए।

# परम आनंद क्या है?

“प्रभु, परम आनंद क्या है और कैसे प्राप्त होता है? यह बताकर मेरी जिज्ञासा को शांत करें।” आनंद ने आईरिश कॉफ़ी का एक सिप लेते हुए तथागत से पूछा।

“अबे यार, ये ख़ाली नाम बदल देते हैं और कॉफ़ी वैसी-की-वैसी ही रहती है!” बुद्ध मुँह बनाते हुए झल्लाकर बोले। आनंद बैठा-बैठा दार्शनिक सवाल गढ़ रहा था।

“देखो, परम आनंद को समझने से पहले आनंद को समझना पड़ेगा। आनंद कई बार एकदम इल्लेजिटिमेट होता है। अर्थात् तुम जानते हो कि ये काम लगभग ग़लत है फिर भी करते हो। मसलन, बाप से लैपटॉप के लिए पैसे माँगना ये कहकर कि पढ़ाई के लिए चाहिए। लेकिन उसका इस्तेमाल फ़िल्म देखने और गाने सुनने के अलावा आमतौर पर कुछ नहीं होता।”

“लेकिन इसमें आनंद है। आनंद है बाप के पैसे पर मज़े करने में और

विपरीत लिंग के मित्रों को हर टुच्चे बात पर गिफ़्ट देने में। आनंद जब मैं कह रहा हूँ तो तुम दैहिक आनंद न समझना, दैहिक आनंद प्रेम के संदर्भ में है और हम यहाँ मानसिक आनंद की बात कर रहे हैं।'' बुद्ध ने मतलब स्पष्ट करते हुए मैटर-ऑफ़-फ़ैक्टली कहा।

आनंद प्रभु के मुखारविंदों को देख-देखकर वैसे ही उत्साहित हो रहा था मानों भँवरे को रस से भरा फूल मिल गया हो, मानो बैसाख की गर्मी में किसी हाथी को कीचड़ का तलाब मिल गया हो। वो भावविह्वल होकर सुन रहा था।

श्री भगवान् ने फिर कहा, ''हे आनंद, जो मैं कहता हूँ वो ध्यान से सुन। क्योंकि मैं बार-बार नहीं कहूँगा। आनंद हर छोटी क्रिया से या उसके परिणाम से मिल सकता है। छोटे-छोटे आनंद से बड़ा आनंद बनता है। जैसे कि शाहरुख का रॉयल स्टैग वाला विज्ञापन, वो भी कहता है कि 'मेक इट लार्ज' यानी जो अप्राप्य है उसकी प्राप्ति की तरफ़ मुड़ो। वही आनंद है।''

''आ हा हा... हे प्रभु, मैं धन्य हुआ जो आपने यह समझाया। लेकिन अब ये बताइए...''

''अबे यार! ये कॉफ़ी कैसी दे दी है! मूड ख़राब कर दिया। यार कहाँ-कहाँ ले आते हो? सड़ी हुई जगह है ये। दो पैसे की कॉफ़ी नहीं है! ...और ये क्या गाना बजा दिया है 'चार बोतल वोदका, काम मेरा रोज़ का'? भाई नए गाने बजा दो। नहीं तो 'बेबी डॉल' ही बजा दो। कितना फ़िलॉसोफ़िक गाना है बेबी डॉल!''

''अगली बार यहाँ नहीं आना। हे तथागत! मेरी आत्मा व्याकुल हो रही है। आप कुछ भी उपाय करके मेरी दुविधा का समाधान करें तो मुझे चैन मिले।'' आनंद ने प्रार्थना की।

श्री भगवान् उवाच:, ''हे तात्, मैंने तुम्हें कई तरीक़े से आनंद के बारे में बताया। परंतु 'परम आनंद' मानसिक संज्ञान के भी परे है। इन फ़ैक्ट परम आनंद एक अवस्था है जिसे मानव तत्क्षण महसूस तो करता है पर बाद में उतना ही आनंद नहीं ले पाता।''

''हे तथागत, सरल भाषा में समझाएँ तो मेरी बुद्धि को जँचे।'' आनंद ने माँग की।

तथागत बोले, "हे तात्, परम आनंद की विशेषता यह है कि वह पहली अनुभूति में ही 'परम' होता है और बाद में याद आने पर बस 'आनंद' ही रह जाता है। तुम बार-बार एक ही अनुभव की याद से वैसा ही मानसिक आनंद नहीं प्राप्त कर पाओगे जैसा प्रथम में हुआ था। उसके लिए हर बार, लगातार वो अनुभव होते रहे तो बेहतर हो!"

वो बोलते रहे, "परम आनंद, आनंद के बाद है। मेरा एक मित्र है आलोक, जिसने कहा था कि उत्तम प्रकार का आनंद तब मिलता है जब आपके पास आपकी पत्नी के सैलरी अकाउंट का एटीएम कार्ड हो। हर स्वाइप में उस आनंद की पुनरावृत्ति होती है।"

"अब मैं जो कहता हूँ बड़े ही ध्यान से सुन। परम आनंद की प्राप्ति सिर्फ़ और सिर्फ़ प्रेम के ज़रिये ही संभव है। प्रेम जो दैहिक से शुरू होकर पारलौकिक तक जाता है। उस प्रक्रिया की शुरूआत प्रेम से है। देह तो मिट्टी का है, मिटी दा श्रीर, मिट्टीच मिल जाणा है। परंतु परम आनंद आत्मा के मिलन में है। वह जो कि आलिंगन से शुरू होकर आत्मीयता की हद पर जाकर ख़त्म होता है। वह जो आँखों की दृष्टि से मन की अतल गहराइयों में उतरने से है, वह जो कि... छोड़ो, समझ ही गए होगे।"

"हे प्रभु मैं कृत-कृत्य हुआ जो आपके श्रीवचन मेरे कानों में उतरे। आइए अब मैं आनंद की अनुभूति करने वाला हूँ।" आनंद ने काउंटर पर एटीएम कार्ड दिया। लड़के ने स्वाइप किया और लौटाया।

आनंद ने बुद्ध से कहा, "ये कनेड्डा वाली का एटीएम है। ही ही ही।"

# तुम मुझे समझते नहीं हो

बुद्ध दिल्ली से गुज़र रहे थे। साथ में आनंद भी था। एक जगह कुछ भीड़ थी। कौतूहलवश उधर को चले गए। देखा कुछ लोग चिल्ला रहे थे, बाक़ी लोग उन कुछ लोगों पर चिल्ला रहे थे।

तथागत ने एक से पूछा कि क्या हो रहा है। उस आदमी ने उन्हें ऊपर से नीचे तक देखा और पूछा, "क्या आप केजरीवाल के साथ हैं? क्या आप आम आदमी पार्टी को वोट देंगे?"

बुद्ध घबरा गए, "न न न नहीं भई! कौन है ये केजरीवाल?"

इतना कहना था कि बाक़ी लोग चढ़ गए बुद्ध पर और कहने लगे कि वो भ्रष्टाचारियों का समर्थक है। भाजपा का है। कम्यूनल है। भगवा आतंकवादी है ये और फिर बहुत सारी गालियाँ दी। बुद्ध मुस्कुराते रहे। मुस्कुराना लोगों की समझ में नहीं आया। अभी तक तो भाजपा वाले उन्हें खदेड़-खदेड़ के सोटते थे, ये आदमी मुस्कुरा क्यों रहा है!

कुछ देर बाद सब शांत हो गए। एक ने पूछा, "तेरी तो... मुस्कुरा क्यों रहा है तू ? साला भ्रष्टाचारी।"

बुद्ध कमल के जैसी सौम्यता चेहरे पर लिए बोले, "वो सब तो ठीक है कि मैं भ्रष्टाचारी हूँ। कम्यूनल हूँ। लेकिन एक सवाल है तुमसे। अगर तुम किसी को कुछ दो और वह उसे ना ले तो वो वस्तु किसके पास रहेगी ?"

"मेरे पास रहेगी।"

"ओकी-डोकी! तो भइया ऐसा है कि अभी जितनी बातें तुमने सुनाईं, दीं, मैं उन सबको लेने से इनकार करता हूँ। इसे अपने पास ही रखो।" बुद्ध ने कहा और वहाँ से दौड़कर भाग गए क्योंकि वो लोग शर्मिंदा होने के बजाय और गाली देने लगे कि ये कौन-सी बात हुई, गाली दी है तो लेनी पड़ेगी!

"गुरुजी! अल्टीमेट बात कही आपने। मैंने नोट कर ली। एकदम 'मच स्वैग'। मज़ा आ गया। नाइस मूव!" आनंद कहता गया। बुद्ध अभी तक हाँफ रहे थे।

थोड़ी साँस सामान्य हुई तो पार्क के बेंच पर बैठ गए। सूरज अपनी मद्धिम छटा बिखेरते हुए मौसम को रोमैंटिक बना रहा था। आनंद की बाँछें खिल गईं। लौंडा ख़ुश हो गया। बुद्ध समझ गए कि कुछ अनाप-शनाप ही पूछेगा।

उसके मुँह खोलने से पहले ही बोल पड़े, "हाँ भई पूछ ले। क्या पूछना चाह रहा है ? तारीफ़ों के इतने पुल बाँध रहा है, कुछ तो ख़ास बात है।"

"तात्! आपसे क्या छुपा है! आप तो जानते ही हैं कि हमें लऊ हो गया है! हम प्रेम कर रहे हैं आजकल! फ़ुल थ्रॉटल चल रहा है एकदम! मिलना-जुलना हो रहा है, मॉल जा रहे हैं! लाल, हरा, नीला, पीला, उजला और काला के अलावा कई रंगों के नाम पता चले हैं प्रभु! टॉर्क्वाइज़, बेबी पिंक, बेबी पिंक से एक शेड कम पिंक, बेबी पिंक से दो शेड कम पिंक, बोटल ग्रीन, सी ग्रीन, पैरट ग्रीन।"

श्री भगवान् ऊवाच, "अबे क्या रे! मैं समझ गया। मैं भी कभी बाईस साल का था। प्रेम तो ग़ज़ब का अहसास है। लाइफ़ में कुछ करो ना करो, प्रेम अवश्य करो। प्रेम मूल है वत्स! प्रेम ही उद्गम है, प्रेम ही अंत। 'खुसरो दरिया प्रेम का, ऊल्टी वा की धार, जो उबरा सो डूब गया, जो डूबा सो पार' आ हा हा!

प्रेम प्रकृति ने हमें दे दिया, सीख हम ख़ुद ही जाते हैं।''

''प्रेम में व्यक्ति सही मायने में व्यक्ति रहता है। सारी आइडेंटिटीज़, सारे नाम, सारे गुण, अवगुण, सही ग़लत, सब गौण हो जाते हैं। प्रेयसी या प्रेमी बस एक प्रेयसी या प्रेमी होते हैं, और कुछ भी नहीं। अगर किसी को इससे इतर कुछ दिखता हो तो उस प्रेम में मिलावट है। क्या बात है। प्रेम! ओ हो हो प्रेम!''

''भगवन्! वो सब तो ठीक है। ये सब बात आपकी समझ रहा हूँ, अक्षरशः पालन भी किया है। कल एक घटना घट गई। उसने कहा कि मैं उसे समझता नहीं। आइ डोन्ट अंडरस्टैंड हर! व्हॉट ऑन अर्थ डज़ दैट मीन, व्हाय द हेल शी वुड से दैट!'' आनंद थोड़ा परेशान हो गया।

तथागत डूबते सूरज को देख रहे थे और आनंद की बात सुन रहे थे। उनके चेहरे पर एक दिव्य तेज था। थोड़ी देर आनंद के चेहरे को देखते रहे और बोले, ''बेटा समझने का तो ये है कि वो जिस दिन ख़ुद को समझ ले ना, उसी दिन सब टंटा ख़त्म हो जाए। लोग ख़ुद को समझते नहीं और दूसरों को कहते हैं। साला, एक जूता ख़रीदने में जिनको तीन दिन लग जाते हैं वो दूसरे को क्या कहते हैं समझने को!''

''बात तुम्हारी या उस लड़की की नहीं है। ये 'कूल डूड-हाट चिक पाराडाइम' जो पनप रहा है ना, वहाँ यही सब होना ही है। लौंडे लड़कियों के पीछे भाग रहे हैं, वो तरह-तरह की चीज़ें बता रही हैं। देखना जिस हिसाब से गिफ़्टबाजी चल रही है और मानसिक ह्रास हो रहा है वो दिन दूर नहीं जब तुम्हारी प्रेमिका इस बात को सच मान ले कि लोग चाँद का टुकड़ा सही में लाते हैं! फिर बोलेगी कि लाकर दो और तुम्हें लगेगा मज़ाक़ कर रही है। और जहाँ उसे ये लग गया कि तुम उसके इस डिमांड को मज़ाक़ समझ रहे हो, उस दिन बिना बताए अपना सामान उठा लेना उसके घर से।''

''अबे वो लड़की है। इसमें समझने वाली क्या बात है। प्यार दो, प्यार लो। इसमें गणित थोड़े ही है कि समझना है एक्स का वैल्यू दो हिसाब में अलग-अलग क्यों आया। या एनाटॉमी की क्लास है कि बॉडी खोल दी और कहा कि लो भैया अब समझो।''

आनंद बस सुन रहा था। आनंद को बस सुनना ही चाहिए। थोड़ी देर बाद

बोला, "वो सब तो ठीक है पर जवाब क्या दूँ? 'बेबी-बेबी' बोल के थक गया, मानती ही नहीं। लड़ाई हो जाती है सो अलग। उसके दोस्तों को भी गिफ़्ट देता हूँ। कुत्ते का बर्थ डे याद है। छोटे भाई का प्रोजेक्ट भी बना दिया। सारी शॉपिंग में घंटों घूमता हूँ और क्रेडिट कार्ड भी देता हूँ। पर ये समझ में नहीं आया कि समझने में क्या कमी रह गई!"

"बेसिकली ओ बुद्धा, आइ एम स्टंड! लाइक, सीरियसली स्टंड, विथ डबल एन!"

दस स्पेक बुद्धा, दि गौतमा, "इसका बेस्ट रिप्लाई है कुछ नहीं करना। उसको बस ग़ौर से देखने लगो। जहाँ 'नहीं समझते हो' बोले, एकदम ब्लैंक हो जाओ। देखने लगो उसको। उसको फ़ील करा दो कि तुम उसे देख रहे हो। अपनी दृष्टि में प्रेम ले आओ और उसके एक-एक अंग को ख़ूबसूरती की परिभाषा बना दो कि 'मूँछें हो तो नत्थूलाल जैसी, वर्ना ना हों'। कविता करते हो तो सुना डालो।

"दो कविता तो बफ़र में रखो। वही दोनों भी सुनाओगे हर बार तो भी ख़ुश हो जाएगी। वो प्रेम है, वो प्रेयसी है, वो सुंदर है जैसे कि हर ल़ड़की सुंदर होती है। ये बात राम बाण है बेटा, 'आज तुम तो ग़ज़ब की सुंदर लग रही हो!' बाल बिखरे हैं तो कह दो कि बिखरे बालों में तो और बला की ख़ूबसूरत लगती हो। अगर कहे कि पिछले बार तुमने सँवरे बालों पर ये बात कही थी तो कह दो, 'अब क्या कहूँ, तुम हर तरह से ख़ूबसूरत हो'।

"तो भैया बात तब तक बदलते रहो जब तक लड़की न बदलनी पड़े या वो ये समझ जाय कि तुम उसे नहीं समझ सकते। फिर वो किसी और को समझेगी और तुम किसी और को।"

ज्ञान देकर बुद्ध उठे और श्रावस्ती की ओर प्रस्थान कर गए। आनंद पीछे कविता की पंक्तियाँ गुनगुना रहा था।

## भगवन्, लड़की ने कहा 'स्पेस' चाहिए। ये 'स्पेस' क्या है?

बुद्ध ने चॉकलेट हॉट फ़ज़ का एक टुकड़ा मुँह में लिया और कहा, "मलब! गज्जब! क्या बनाया है! यहीं से खाएँगे अगली बार से। मज़ा आ गया। ओ भई, वेटर जी, एक और एदम गरम लाइएगा। सर्र-सर्र का आवाज़ करते हुए।"

"आप तो भगवन् फ़ील में आ गए! सारी ज़िंदगी टहलते निकल गई और आपको इस जगह का पता भी नहीं था। बताइए! आपको इस काष्ठ के पात्र में, किसी ने हॉट फ़ज़ नहीं दिया?" आनंद ने मज़े लेते हुए कहा।

"तुम बड़े ख़ुश दिख रहे हो। लगता है कोई बहुमूल्य वस्तु हाथ आ गई। क्यों? और अगर मैं सही अंदाज़ा लगाऊँ तो शायद इस जगह पर पहले भी आ चुके हो।" अब बुद्ध की बारी थी।

"हे हे हे। आपके कई नामों में एक नाम 'सर्वज्ञ' भी तो है। तात्, अब

आपसे क्या छुपाना! मैं बताने ही वाला था। कल ही मिला था। .फ़ेसबुक पर एक दोस्त की दोस्त थी। एक पोस्ट लाइक किया मेरा तो मैंने फ़्रेंड रिक्वेस्ट भेज दी। फिर बहुत दिन चटियाते रहे। कल बाहर जाने को राज़ी हुई।'' आनंद झेंप-झेंपकर बोलता रहा।

बुद्ध ने बड़े ही प्रेम से उसके सिर पर हाथ फेरा और फिर एक कनटाप मारा, ''बहुत हीरो बन रहे हो! ये .फ़ेसबुक, ट्विटर सब छोड़ो। ले डूबेंगे एक दिन। लेटन हगत पढ़ते हो, .फ़ेसबुक पर चैट करते हो... लाइ.फ़ में कुछ और भी बचा है कि इसी चिरकुटई में निकालना है?''

''धौ महाराज! ऊ सब छोड़िए। ये बताइए कि 'स्पेस' क्या है? कल बात कर रहा था तो बोली कि उसे स्पेस चाहिए। मैं उसके साथ से उठकर सामने बैठ गया लेकिन वो 'स्पेस' चाहिए बोलती रही। क्या है ये स्पेस?'', आनंद ने पूछा।

''स्पेस? स्पेस माने जगह। मैं बता तो दूँगा कि स्पेस क्या है पर ये जान लो कि जिसने ये बात कही उसे भी ये नहीं पता होगा कि 'स्पेस' क्या है। उसने अपनी सहेलियों से सुना होगा तो वही चेप दिया। टेंशन ना लो। अभी नया-नया प्यार है। अभी तुम 'स्पेस', 'आई .फ़ेल्ट स.फ़ोकेटेड विथ माय एक्स', 'आई नीड टू हेव माय इन्डिविडुएलिटी', ये सब बहुत सुनोगे। और ये जान लो कि उसे .ख़ुद पता नहीं होगा। पलट के पूछना कि 'इन्डिविडुएलिटी' क्या है तो .फ़ोन का डिक्शनरी खोल लेंगी। बात करते हैं! हुँह!'' बुद्ध मूड में आ गए थे।

आनंद उवाचः, ''भगवन्, हमेशा की तरह आपकी बात सही है, पर कुछ ऐसा उपाय कीजिए कि मुझ नासमझ की बुद्धि तक वो बात पहुँचे। मैं बस जानना चाहता हूँ। जानूँगा तभी तो उसे पूछकर उसका झंड करूँगा। ही ही ही।''

श्री भगवान् उवाचः, ''स्पेस का तो शाब्दिक अर्थ होता है 'जगह'। लेकिन जिस संदर्भ में तुम बात कर रहे हो वहाँ इसका वास्ता भौतिक 'जगह' से नहीं है। अगर कोई स्पेस माँगे तो इसका सीधा मतलब है कि वो दो बात साबित करना चाह रही है। पहला कि वो मॉडर्न है और लेटेस्ट वर्ड्स उसे मालूम हैं और दूसरा कि वो दिखाना चाहती है कि जब तक हॉट .फ़ज़ आता रहेगा वो साथ रहेगी।''

''ये हॉट .फ़ज़ बीच में आपने कहाँ से घुसेड़ दिया? ये समझ में नहीं

आया। मॉडर्न वाला तो समझा।''

''अबे घोंचू, गूढ़ बात है। सब तुम्हें पता चल जाए तो तुम ही बुद्ध ना हो जाओ! सुनो, जिस दुनिया में आधुनिकता कमोड पर बैठकर फ़ैशन मैगज़ीन पढ़ने को समझा जाता है वहाँ किसी बात को किसी भी बात का लॉजिक बनाया जा सकता है। प्रेम में पैसा बहुत ही ज़रूरी फ़ैक्टर है। यू केन ईवन से इट टू बी द प्राइम मूवर। कुछ अपवाद हैं पर तुम्हारा वाला अपवाद नहीं है। तुम्हारी शक्ल पर लिखा हुआ है कि तुम न तो स्पेस दे पाओगे, और न ही उसे समझ में आएगा कि तुमने स्पेस दिया या नहीं। और एक दिन वो इसी जगह पर अगले लौंडे से कहती सुनी जाएगी, ''नो, आई मीन आनंद वॉज़ अ गुड गाय बट ही डिडन्ट गिव मी स्पेस, आई फ़ेल्ट सफ़ोकेटेड... यू गेट मी, व्हाट आइ मीन? राइट?''

बुद्ध बोलते रहे, ''अतः हे तात्! ऐसे फ़र्ज़ी लोगों से प्रेम में मत पड़ो। स्पेस तो ये है कि तुम मेरी बात सुनने की क्षमता रखो और मैं तुम्हारी। स्पेस ये है कि बिना बात उसकी प्रोफ़ाइल पर कमेंट करने वाले लौंडे को वहीं धमकी नहीं देना है। समझ रहे हो ना? स्पेस माने ये कि तुम्हारे अलावा भी लोग हैं ज़िंदगी में। तुम्हें उसको अपनी मिल्कियत नहीं समझनी है।''

''औ! ये बात है। मैं तो ऐसा ही करता हूँ। इतनी अक़्ल तो आपकी इंटर्नशिप करके आ गई है।'' आनंद ने कहा, ''पर हे तथागत, क्या मुझे भी, या व्यापक रूप से कहें तो लड़कों को भी इस स्पेस का एंटायटलमेंट है?''

''हा हा हा! गुड वन ब्रो!'' बुद्ध दिल खोल कर हँसे और बोधिवृक्ष की दिशा में चल पड़े।

# भगवन्! मूव ऑन कैसे करते हैं?

बुद्ध बरिस्ता में बैठे थे। आनंद दो आयरिश कॉफ़ी लेकर आया। बड़ा उदास दिख रहा था जबकि फ़ुल एचडी एलइडी पर 'कमली कमली' गाने में कटरीना भरत मुनि के नाट्य शास्त्र में बताए मुखाभिनय, नेत्राभिनय, हस्ताभिनय इत्यादि सब कर रही थी।

बुद्ध ने कॉफ़ी की एक सिप ली और कहा, "बहुत कड़वी है यार!"

"भगवन्, दो लेयर्स हैं इसमें शायद दूसरा ठीक लगे। मैं भी पहली बार ही पी रहा हूँ। फ़ोटो में सही लग रहा था।" आनंद ने बुद्ध को देखते हुए कहा और थोड़ी देर रुककर पूछ बैठा, "हे भगवन्, हम 'मूव ऑन' कैसे करते हैं? कल एक लड़की ने मुझसे कहा 'मूव ऑन आनंद, गेट अ लाइफ़!' इसका अर्थ बताएँ। बड़े ही असमंजस में हूँ।"

बुद्ध उस बाप की तरह मुस्कुराए जिसने पाँच साल में बी.टेक किया हो और अपने बेटे के नादान सवालों को मज़े लेकर सुनता हो और अपनी बीवी (जिसके कारण बी.टेक पाँचवें साल में पहुँचा हो) से कहता हो, 'देखो अपने लाडले को, बिल्कुल मुझ पर गया है।'

"मूव ऑन... और क्या बोला था? गेट अ लाइफ़! ओकेज़! मूव ऑन

का तात्पर्य है चलायमान होने से। पानी चलायमान है। पानी में भाँति-भाँति के तत्व होते हैं। अलग-अलग जगह पर अलग-अलग चीज़ें मिलती हैं। पर उसका प्रवाह रुकता नहीं, इट्स ऑलवेज़ ऑन द मूव। आर यू गेटिंग मी?''

आनंद गर्दन हिलाता रहा और बोल पड़ा, ''वो सब तो ठीक है पर जैसा कि अर्जुन कन्फ़्यूज़ हुए थे गीता के तीसरे अध्याय के दूसरे श्लोक में, मेरी भी आप से प्रार्थना है कि आप मिले हुए-से वचनों से मेरी बुद्धि को मोहित करना बंद करें और उस एक बात को निश्चित करके कहें जिससे मैं कल्याण को प्राप्त हो जाऊँ।''

आनंद अपनी उदासी के सुरूर में बोलता रहा, ''मैं पागल हो रहा हूँ, मुझे समझ में नहीं आ रहा है। टाइम्स ऑफ़ इंडिया का लाइफ़ स्टाइल सेक्शन छान मारा, कुछ नहीं मिला। कैसे मूव ऑन करते हैं बताइए वर्ना अब जीने की इच्छा नहीं रही।''

''पगला गए हो का बे? गीता कोट कर रहे थे ना? उसी के दूसरे अध्याय के तीसरे श्लोक में कृष्ण अर्जुन से ये भी तो कहते हैं, क्लैब्यं मा स्म गमः पार्थ नैतत्त्वय्युपपद्यते। क्षुद्रं हृदयदौर्बल्यं त्यक्त्वोत्तिष्ठ परन्तप॥ समझे?''

''का समझेंगे! अरे संस्कृत में नहीं, हिंदी या अंग्रेज़ी में कहिए नहीं तो आप कह के निकल लेंगे और हम हिंदी फ़िल्म के हीरो टाइप दो घंटे में दाढ़ी बढ़ाकर गाने गाते फिरेंगे।''

बुद्ध मुस्कुराए, ''कृष्ण ने कहा था, हे अर्जुन! नपुंसकता को मत प्राप्त हो, तुझमें यह उचित नहीं जान पड़ती। हे परंतप! हृदय की तुच्छ दुर्बलता को त्यागकर युद्ध के लिए खड़ा हो जा। यानी तू भी भूल जा कि क्या हुआ और दूसरी चीज़ों में ध्यान लगा। देखो उधर कटरीना क्या नाचती है! आ हा हा!''

''वो कटरीना नहीं जेक़लीन है। मिस श्रीलंका। गाना बदल गया। जो नहीं मालूम उसमें काहे दिमाग़ लड़ाते हैं! ख़ैर छोड़िए। मैंने तो सुना है कि आपकी जवानी के टाइम में अब्बा हुज़ूर ने आपके मन बहलाने के वास्ते काफ़ी इंतज़ाम किया हुआ था और आप रात को उठे और बिना मेक-अप में नाचने वालियों को देखकर आपका मन टूट गया और आप फिर भाग निकले! कैसे किया? आई थिंक दिस इज़ मूविंग ऑन। लाइक रियल रियल मूविंग ऑन! व्हाट से यू?''

आनंद ने भगवन् की दुखती नब्ज़ पर हाथ रख दिया।

बुद्ध पर कोई असर नहीं हुआ। न ही हाथ काँपा, न ही उन्होंने आनंद को कोई लुक दिया, न ही ग़ुस्सा हुए, न ही ख़ुशी आई, न क्षोभ हुआ, न ही भृकुटियाँ तनीं। शांत से कॉफ़ी पीते रहे। कमल के पुष्प की तरह शांत, सौम्य बाह्यावरण लिए तथागत बस कॉफ़ी पीते रहे।

''बेटा वो था मूविंग ऑन। बहुत जिगरा चाहिए। मेरे पास सब कुछ था लेकिन सत्य नहीं था। मैं सत्य खोजने निकल पड़ा सब त्याग कर।''

''पता है। विकिपीडिया पर सब पड़ा हुआ है। बोधि ट्री ऐंड ऑल। वो छोड़िए, ये बताइए कि क्या बोलूँ उसे कि एकदम करारा जवाब मिल जाए उसको! बता नहीं सकता कितना मचल रिया हूँ!'' आनंद अकुताया हुआ-सा बोल पड़ा।

''क्या बे, ये 'करारा जवाब' देना है, यही तुम्हारे दुखों का मूल है। तुम सोचना बंद करो। फ़ोटो डिलीट करने से कुछ नहीं होगा और न ही ब्लॉक करने से। बदले की भावना निकालो तात्! बाक़ी मैं ये नहीं कहता कि फ्रेंडशिप कर लो, ऐसा हारे हुए आशिक़ करते हैं। जो तुमसे प्रेम ही न कर पाया वो मित्र सिर्फ़ कंपल्शन में बनेगा। उसे ये दिखाना है कि वो ओपन माइंडेड है। नकारा हुआ हमेशा नकारा हुआ ही रहता है।''

बुद्ध फ़्लो में थे, ''प्रेमी रह चुकने के बाद प्रेमरहित मित्रता काँटारहित कैक्टस सदृश है। कैक्टस की सुंदरता काँटों से होती है वर्ना वो हरे रंग का शिवलिंग लगेगा। या पलाश का फूल ले लो जो प्यारा है, लाल है, प्रेम का रंग है लाल, लेकिन उसमें महक नहीं है। प्रेम के बाद की दोस्ती ऐसी ही होती है।''

''बहुत लोग इसे नहीं मानेंगे, ना मानें, पर बोधि वृक्ष के नीचे दिस थॉट क्रॉस्ड माय माइंड। तुम्हें क्या लगता है? तुम्हारी शक्ल से लगता है कि थोड़ा प्यार बचा हुआ है और अभी वो फ़ोन करके गाली भी दे दे तो तुम जवाब नहीं दोगे! है कि नहीं?''

आनंद गर्दन झुकाए हुए, फीकी मुस्कान के साथ बोल पड़ा, ''भगवन्! आपके कई नामों में एक नाम 'सर्वज्ञ' भी तो है। आगे क्या कहूँ!''

''बेड़ा गर्क़!'' बुद्ध अजीब चेहरा बनाकर बोले, ''ओ भाई वेटर, ये बिल ले आओ। कार्ड लेते हो कि नहीं?''

# हम झँटुआते क्यों हैं?

इंडिया वर्ल्ड कप हार गई और आनंद स्पोर्ट्स बार से मुँह लटकाए हुए निकल रहा था। तथागत की हँसी रोके नहीं रुक रही थी, बोले, ''क्यों लल्ला, मुँह लटकाकर कहाँ से आ रहे हो और किधर जा रहे हो?''

आनंद ने उसी उदासी-मिश्रित खौंझ के साथ बुद्ध को देखा और बोला, ''आप मज़े लीजिए! यहाँ पूरा मूड ऑ.फ़ हो गया है। अच्छा-ख़ासा खेल रहे थे और लास्ट में बर्बाद कर दिया सब। लेकिन ये मेरे उदासी का सबब नहीं है। मूड का दही तब बना जब हमारी पूर्व प्रेमिका मिल गई अंदर। अच्छी-ख़ासी शादी तय हो गई है। प्रेम अट्ठारह साल तक हमसे किया और शादी बाप के हार्ट अटैक का वास्ता देकर किसी और से कर रही है।''

''मैंने भी सोचा कि चलो उसी की ख़ुशी में हम ख़ुश हो लेते हैं। दो साल तक कोशिश की कि सब भूल जाऊँ। सफल भी हुआ कि एक दिन उन्होंने शादी तय होने के बाद .फ़ेसबुक पर चैट भेज दिया इमोटिकोन के साथ। अब हम ठहरे

दिल के कमज़ोर आदमी, हमने सोचा कि जवाब दे देते हैं और दे दिया। ''

''लेकिन एक बात थी मैंने ख़ुद कभी शुरूआत नहीं की। उधर से आता था तो दे देता था। फिर साला आइ लव यू, आइ स्टिल लव यू से बात शुरू हुई और डोन्ट यू लव मी तक पहुँच गई। हम चक्कर में पड़ गए कि क्या रिप्लाय दें इसका?''

''ये सब मुझे पहले क्यों नहीं बताया?'' बुद्ध ने बात काटकर पूछा।

''आप पहले सुनिए तो!'' आनंद बोलने लगा, ''भगवन्, वो मेरा पहला प्यार थी और मेरा मानना है कि पहला प्यार ही प्यार होता है। वो बस प्यार होता है। उसमें हम ये नहीं देखते कि लड़की की हाइट क्या है, नाक शारापोवा टाइप है कि नहीं, कटरीना जैसी टाँग वग़ैरह। और भले ही वो प्रेम विवाह तक न पहुँचे, टूट जाए पर वो घटता नहीं, बढ़ता नहीं। वो बस रह जाता है कहीं।''

''नाइस डूड! आइ एम प्राउड ऑफ़ यू। आगे बोलो।'' बुद्ध ने कहा।

आनंद फिर बोलने लगा, ''अब देखिए, हम तो भूल गए उसकी यादों को। मैसेज करके उसने अब मिलना, लिपटना और किस-विस शुरू कर दिया। इंगेजमेंट हो गई है, शादी भी बहुत जल्द हो जाएगी। फिर साला जहाँ-तहाँ गले में लिपट के रोना।''

''साला, ब्रेकअप तुमने किया। शादी के लिए हाँ तुमने की क्योंकि मैं शिक्षा ग्रहण कर रहा था। हार्ट अटैक तुम्हारे बापू को आ जाता। फिर ये रोना क्यों! ये 'मैं कैसी लग रही हूँ?', 'मैं यहीं मुंबई में हूँ, आओ ना, तुमसे मिलने को दिल करता है... ये तमाम तरह के टंटे में मुझे फँसाकर साला शादी किसी और से! बात हमसे, रोना हमसे लिपटकर, ड्रेस दिखाना हमें, कॉफ़ी हमारे साथ..''

''आज फिर मिलकर पूरा मूड ख़राब पर और ख़राब कर दिया। कह रही है कि मुझसे प्यार करती है, बाप नहीं ब्लैकमेल करता तो तुम्हारे साथ रहती। अब बताइए आदमी झँटुआएगा या नहीं?''

''एच एम एम एम एम एम! हम्म्म्म्म!'' बुद्ध ने ऊपर से उड़ते हुए एरोप्लेन को देखा और कहने लगे, ''देखो आनंद, प्रेम काफ़ी गूढ़ विषय है। और ये सिर्फ़ हमारी बातें, हमारा समय या हमारा पैसा ही नहीं माँगता बल्कि ये हमारे वजूद को खाने का माद्दा रखता है। तुम्हारी बात सच है कि पहला प्रेम (व्यापक

अर्थ लो, लुच्चागिरी और लाइन मारना प्रेम नहीं है) अपने आप में बड़ा ही अलग होता है क्योंकि उससे पहले हमारे पास कोई रेफ़रेंस फ्रेम नहीं होता।"

"पहला प्यार बस हो जाता है। उसमें बनियावृत्ति नहीं होती कि वो लड़की/ लड़का ज़्यादा 'सही' है, वो कूल डूड है, वो हाट चिक है। नथिंग एज़ सच, इट इज़ एन ऑब्जेक्टिव फ़ीलिंग। यू स्टार्ट टू डिस्कवर थिंग्स लेटर।"

"हे सिद्धार्थ! ये तो मुझे भी मालूम है। आप तो बस मुझे ये बताएँ कि मेरी झँटुआहट का मूल क्या है? शादी उसकी होगी। मैं इंटर्नशिप कर रहा हूँ। उसकी याद भी नहीं आती। पर ये आज मैं झँटुआया-सा क्यों हूँ? मेरा मूड आज ऑफ़ क्यों है? और मान लीजिए है ही, तो इससे निकलूँ कैसे?", आनंद ने याचनामय शब्दों में प्राथना की।

श्री भगवान उवाचः, "हे आनंद, डिज़ायर और हिडेन डिज़ायर, ये दोनों तुम्हारी उदासी का मूल हैं। हालाँकि, तू इनका शाब्दिक अर्थ ना निकाल। क्योंकि वो सत्य नहीं है। सत्य उसकी सतह के नीचे कहीं है।"

"तू उसे चाहता भी है और नहीं भी। श्रोडिंगर्स कैट टाइप पैराडॉक्स हो गया। एक ही समय में तू उसे प्रेम करना भी चाह रहा है और दिल से निकालना भी।"

"हे तथागत! इन लच्छेदार बातों से मेरा मस्तिष्क घूम रहा है। कुछ ऐसा उपाय कीजिए कि मेरी समस्या का समाधान भी हो और मेरा दिमाग़ भी स्थिर रहे।" ये कहकर आनंद ने बुद्ध से उनकी बातों का सरल अर्थ समझाने को कहा।

श्री भगवान कंटीन्यूज़ः, "देखो, तुम्हारा सच्चा प्रेम उसका भला चाहता है कि वो जब तक शादी न हो तब तक तुमसे जो भी चाहती है, चाहे भावनात्मक तौर पर हो या शारीरिक, उसे तुम दे दो। लेकिन तुम्हारा डर ये है कि कहीं इस एक महीने के नये प्रेम में तुम ख़ुद ही न खिंचते चले जाओ।"

"तुम चाहते हो कि उसका भला करो पर इसमें तुम इमोशनली टूटोगे क्योंकि तुम्हारे हाथ सिर्फ़ बाबाजी का ठुल्लू ही आना है। उसकी शादी हो जानी है। इस वक़्त उसे तुम्हारी ज़रूरत महसूस हो रही होगी। क्योंकि शायद एक ख़ालीपन है उसके अंदर। उसके भी प्रेम में कोई संदेह नहीं है। लेकिन उसकी इच्छाओं की पूर्ति हो रही है तुम्हारे द्वारा, तुम्हारी इच्छाएँ कोई जान भी

नहीं रहा।''

''तुम बोल भी नहीं रहे क्योंकि तुम उससे प्रेम करते हो। तुम्हारा प्रेम उसके लिए है, तुम्हारे लिए नहीं। और यही तुम्हारे दुःख का मूल है। अगर तुम उसे ये जानकर, कॉन्शस होकर, कि तुम्हारा अभी का प्रेम सिर्फ़ उसकी तात्कालिक इच्छाओं की पूर्ति का ज़रिया है और ये प्रेम बिल्कुल भी नहीं है, प्रेम करोगे तो तुम्हें निराशा नहीं होगी।''

''तुम ठगा हुआ महसूस नहीं करोगे। उसके प्रेम में तुम्हारा पुराना प्रेम मत घुसेड़ो। इसको नये तरीक़े से लो। सत्य को स्वीकार करो, सत्य उसकी आने वाली शादी है। सत्य ये है कि तुम उसके प्रेमी थे एक समय, अब नहीं हो। इसमें अपना दिल मत लगाओ। दिल ज्ञानार्जन में लगाओ।''

आनंद भावविह्वल होकर सुन रहा था, बुद्ध फ़्लो में बोले जा रहे थे, मोनोलॉग दर मोनोलॉग, सोलोलिकी टाइप!

''तुम ख़ुद से ये मत पूछो कि मैं क्यों कर रहा हूँ? मत सोचो कि इसे क्या हक़ है कि एक दिन आती है और रोती है गले लगकर! क्योंकि उसके गले लगकर रोने में कोई बुराई नहीं है। वो एक सत्य है कि वो तुम्हें चाहती है पर परिस्थितियों पर उसका वश नहीं है। वो इसीलिए रोती है कि वो मजबूर है।''

''जब तुम प्रेम को जानकर, समझकर, ध्यान कर कि 'मैं प्रेम कर रहा हूँ और ये उसकी ख़ुशी के लिए है' करोगे तब तुम्हारे मन का संशय जाता रहेगा। बस ये सोचो कि एक अंतिम बार और सही। एक बार फिर से बारह बजे उसकी पसंद का चॉकलेट फ़्लेवर केक हॉस्टल की पाइप चढ़कर पहुँचा दो, एक बुक़े और सही, एक बॉनविल और क़ुर्बान!''

''फिर हे आनंद, तुम्हारे मूड को कुछ भी अफ़ेक्ट नहीं करेगा। तुम परमहंसीय अवस्था को प्राप्त कर लोगे। तुम बुद्धत्व के क़रीब आ जाओगे। तुम प्रेम का सत्य महसूस कर पाओगे।''

आनंद के चेहरे पर मुस्कान लौट रही थी धीरे-धीरे। तब तथागत ने पूछा, ''अबे ये 'रिवॉल्वर रानी' कब लग रही है? वूमन इंपावरमेंट पर फ़िल्म लगती है। ये बुक कर लेना टिकट और अपने दोस्तों को साथ कर लेना। साथ चलेंगे सब लोग।''

# भगवन्! मूर्खता की सीमा क्या है?

आनंद ने ध्यान में बैठे बुद्ध के कमल समान सुंदर और शांत चेहरे को देर तक देखा और पूछा, "भगवन्, मूर्खता की सीमा क्या है?"

बुद्ध ने शनैः शनैः आँखें खोलीं और बोले, "हे तात्, वैसे तो कई उदाहरण हैं पर तात्कालिक बात करता हूँ। इसे तुम ध्यान देकर सुनो क्योंकि मैं दोबारा नहीं बताऊँगा।"

"मूर्खता की पहली सीढ़ी है लेटन हगत के उपन्यास इस मुग़ालते में पढ़ना कि वो अच्छा साहित्य है।"

"मूर्खता की दूसरी सीढ़ी है ये स्टेटस अपडेट करना कि मैं फ़लाँ जगह पर ये मूर्खतापूर्ण हरकत (लेटन हगत की किताब पढ़ना) कर रहा हूँ। और एक स्माइली लगाना जिसमें बहुत ही ख़ुश होने का भाव झलकता है।"

"मूर्खता की तीसरी सीढ़ी है उस किताब के अंश को टाइमलाइन पर यूँ शेयर करना मानो कमू और सार्त्र के बाद अगर आधुनिक दौर की मानवीय संवेदनाओं और रिश्तों को कोई समझ पाया है तो वो हैं लेटन हगत।"

आनंद ने बीच में रोका, "परंतु हे तथागत! उनका नाम लेटन हगत नहीं है।

आप बार-बार ग़लत कह रहे हैं!"

बुद्ध तनिक भी विचलित नहीं हुए और बोले, "हे आनंद, जो चेतन रूप से हर जगह लेट कर हगता (शिटिंग) हो, वो लेटन हगत ही कहलाएगा। ख़ैर, तुम मेरी बात कान खोलकर और आत्मा को मेरी तरफ़ लाकर सुनो।"

"हगत के लिखे शब्दों के झुंड को कहानी कहकर, उसे डिफ़ेंड करना मूर्खता की दीवार पर खड़ा हो जाना है। अब इस मूर्खता की सीमा से लौटना लगभग नामुमकिन है क्योंकि ऐसे मूर्ख कई तरह की बातों को बेहतर साहित्य होने से जोड़ देते हैं। मसलन, 'बिक तो वही रहा है', 'आपने क्या किया है जो आप ऐसा लिख रहे हैं' आदि आदि।"

"ऐसे लोगों के प्रति हमेशा दयाभाव रखना चाहिए क्योंकि वो शायद अपनी मृत्यु तक नहीं जान पाएँगे कि वो किस डिब्बे के अंदर थे। लेटन हगतादि के शब्द साहित्य की गंगा में मिलते नाली के पानी की वो धाराएँ हैं जो इस गंगा को मृतप्राय यमुना की तरह शिथिल और काली बना देंगी।"

आनंद ने चिंता जताई, "हे गौतम, ऐसा कब तक चलता रहेगा?"

बुद्ध ने दुःख भरी निगाह से आनंद को देखा और बोले, "कलिकाल में पोर्नोग्राफ़ी को यथार्थवादी सिनेमा, गालीगलौज को संगीत, और अश्लील और कामोत्तेजक बातों को साहित्य मान लिया जाएगा। धीरे-धीरे समाज विनाश की ओर बढ़ता जाएगा और एक समय के बाद कालचक्र के घूमने से अच्छे साहित्य की रचना फिर से होगी।"

"पर अच्छा साहित्य तो अभी भी लिखा जा रहा है, भगवन्!" आनंद ने कहा।

श्री भगवान बोले, "लिखा जा रहा है, पर पढ़ा नहीं जा रहा। लोगों को आसान बातें चाहिए। रिश्ते के बारे में मनोवैज्ञानिक पहलू पर कम और दैहिक पर ज़्यादा ज़ोर है। भावनाओं से प्रबल चुंबन और मैथुन हो गया है जिसे अत्यधिक विस्तार से लिखने वाले 'यथार्थवाद' का नाम देते हैं। पहले जो चोरी-छिपे रेलवे स्टेशन पर बिकता था, वो अब पॉलिश्ड कवर के साथ 'कंटम्परेरी साहित्य' के नाम पर मुख्यधारा का हिस्सा हो गया है।" इतना कहकर बुद्ध अपने चेहरे पर 'फ़ीलिंग ऑफ़ डिसगस्ट' लिए ध्यानमग्न हो गए।

## लड़के लड़कियों को बाँह के घेरे में लिए काहे चलते हैं

आनंद ने बाइक साफ़ की और चाभी इग्नीशन में डालने ही वाले थे कि पास खड़े बुद्ध ने कहा, "लेट मी टेक इट फ़ॉर अ स्पिन, इज़ दैट कूल विद यू?"

अब आनंद क्या कहते, चाभी दे दी और पीछे बैठ लिए। तथागत ने लगातार गियर बदलते हुए, ट्रैफ़िक में बहुत ही द्रुत गति से पूरा बवाल काटते हुए अपनी ड्राइविंग का नमूना दिखाकर आनंद को चकित कर दिया। आनंद पूरे समय पीछे के ग्रैब बार को पकड़े गिरने से बचने की कोशिश करते रहे।

"तात्! आप अगर बाइक थोड़ी धीमी करें तो कुछ संशय है उसके बारे में चर्चा करनी थी।" आनंद ने याचनामिश्रित स्वर में कहा।

"क्या बोल रहे हो, कुछ बुझा नहीं रहा है? ज़ोर से बोलो..." बुद्ध ने चीखते हुए कहा।

"भौ महाराज! अरे बाइक धीमा कीजिए ना... ऐसे ही चलाते रहे तब

बातचीत संभव नहीं!'' आनंद ने भी चीखते हुए कहा तो बुद्ध ने बाइक धीमी कर दी।

''हे तथागत, मेरे मन में एक संशय है। मैंने अभी भी, और पहले भी कई बार, प्रेमी युगलों को देखा है। देखने तक तो ठीक है, आपने भी देखा होगा पर एक बात और देखी है कि जब भी दोनों साथ होते हैं तो कई बार लड़का लड़की को ऐसे बचा रहा होता है मानो किसी दूसरे के स्पर्श मात्र से उसका शीलभंग हो जाएगा। प्रेम में पड़ा लड़का ऐसा क्यों करता है? वो भी तब जब महिलाएँ समान अधिकारों और अपनी स्वतंत्रता के लिए लड़ रही हों?''

''देखो ऐसा है कि लौंडे होते लौंडे ही हैं। ये जो प्रेमी युगल कह रहे हो ना, उनमें प्रेम बहुत कम ही होता है बाकी बाह्यावरण है, छलावा है। ये जो 'बचाकर चलने' वाली बात कह रहे हो, वो एकदम रैमपैंट है। इसका कारण है। लौंडों को प्रेम के अलावा भी बहुत सारी बातें दिखानी होती हैं...''

''वो क्या प्रभु?''

''अबे बात बीच में मत काट और मेरी बातों में अपना ध्यान बरत कर सुन क्योंकि मैं दोबारा नहीं कहूँगा। लौंडों को कई बातें दिखानी होती हैं। पहला तो ये लड़की को दिखाना होता है कि वो उससे प्रेम करता है। दूसरा ये कि उसे पूरी दुनिया को दिखाना होता है कि वो एक लड़की से प्रेम करता है। अब जब ये दिखावा हो गया तो उसे इसके सेकेंडरी एलिमेंट्स दिखाने होते हैं। जिसमें से एक है कि 'बेबी मैं तुम्हें प्रोटेक्ट कर रहा हूँ।' जबकि कई बार लड़की लड़के से ज़्यादा तंदुरुस्त होती है।''

''ये बात तो आपने सही कही। मेरी वाली भी बहुत सही है, वो हमको प्रोटेक्ट करती है! ही ही ही!''

''दाँत निपोड़ना बंद करो और सुनो। इस दिखावे के चक्कर में कि बेबी आइ एम ऑल्वेज गार्डिंग यू, लौंडा कई बार अति कर देता है। वो मेट्रो से निकलते वक़्त बाँहों के दरमियाँ... सॉरी, बाँहों का घेरा बनाकर निकलेगा मानो लड़की न हुई खुली तिजोरी हो गई कि लोग लूटकर भाग जाएँगे... बात ये नहीं है कि कोई कुछ कर सकता है कि नहीं, बात ये है कि बाँहों का जो घेरा है, वो कोई लक्ष्मण रेखा तो है नहीं कि छूते ही कोई जल जाएगा। हाँ ये बात और है

कि वो लड़की पर इम्प्रेशन जमा लेगा कि बेबी आइ वॉज प्रोटेक्टिंग यू फ्रॉम इडियट्स!''

''मतलब ये .फ़र्ज़ी का है? ये मामला है!''

''हेल या, ब्रो!'' कहते हुए बुद्ध ने बाइक की गति फिर से तेज़ कर दी। थोड़ी देर बाद आनंद ने चीखते हुए तथागत के कान में कहा, ''बुद्धा इन अ ट्रैफ़िक जाम देखें क्या?''

''पगला गए हो क्या, हम नहीं फँसते जाम में! हमारे हाथ में गाड़ी आती है तो हन-हन उड़ती है...'' बुद्ध ने अगले पहिए पर गाड़ी को बैलेंस करते हुए कहा। आनंद बेहोश हो चुका था।

## प्रभु, संत होने के लिए चमत्कार ज़रूरी हैं?

बुद्ध 'सूर्य नमस्कार' कर उठे तो आनंद ने आनन-फ़ानन में उनकी चटाई व्यवस्थित करके कोने में रख दी और पास पड़े आइपैड के नोटिफ़िकेशन को पढ़ने लगा।

"हे तथागत! क्या आपको ज्ञात हुआ कि मदर टेरेसा को वैटिकन ने 'संत' मान लिया है क्योंकि उनके नाम दो चमत्कार पाए गए हैं। पूरी दुनिया में हैशटैग मदर टेरेसा ट्रेंड हो गया है," आनंद ने पूरी ख़बर पढ़ते हुए, स्प्लिट स्क्रीन द्वारा ट्विटर ट्रेंड देखकर, बुद्ध से पूछा।

"महर्षि पतंजलि के योग के द्वारा कई रोगों के ठीक होने की बात को 'अंधविश्वास' कहकर उड़ा देने वाले, मदर टेरेसा के नाम दो 'चमत्कार' हो जाने के कारण मिली 'संत' की उपाधि पर कितने भावविह्वल हो रहे हैं," बुद्ध ने मुस्कुराते हुए कहना जारी रखा, "ये सब कितना क्यूट है आनंद! बड़ा ही मनोरम दृश्य है पश्चिम के लोगों को इस तरह ख़ुश होते देखने पर।"

“तो क्या तात् इसमें कोई बुराई है?”

“भंते! जैसा कि मैंने कहा, ये सब क्यूट-क्यूट-सा लगता है। तुम्हें पता है उपनिवेशवाद से 200 साल रौंदे जाने के बावजूद भारत को ईसाई न बना पाने की कसक कितनी होती होगी वैटिकन को... ये इनका फ़ाइनल फ्रंटियर है। यहाँ ये टेरेसा को संत बना देंगे क्योंकि पूरे दक्षिण एशिया की जनसंख्या को एक रोल मॉडल चाहिए, एक क्रिश्चियन आइकॉन चाहिए ताकि लोग वैसा बनना चाहें।”

“वो तो वो ऐसे भी विज्ञापन और अपने चर्चों के द्वारा कर सकते हैं...” आनंद ने उत्सुकतावश कहा।

“वो तो वो करते रहे हैं। जैसे कि थॉमस नामक संत के क्रॉस का दक्षिण भारत में मिल जाना... लेकिन थॉमस पुराने हो चुके हैं। अब कुछ आज के दौर का चाहिए। अब कुछ वैसा चाहिए जो मनवा सके कि सच में चर्च के भगवान को मानने वाले चमत्कार कर सकते हैं और ठीक भी हो सकते हैं,” बुद्ध ने लेमन जूस का ग्लास उठाते हुए फ़रमाया।

“हाँ, मैंने भी एक 'आरा रा रा रा रा रा रा' वाला विडियो देखा है यूट्यूब पर जिसमें एक ईसाई फ़ादर छूकर ट्यूमर का इलाज करता है। और हाँ, कुछ दिन पहले एक ऐसे ही फ़ादर ने लड़की के ऊपर बड़ा-सा साउंड बॉक्स रखकर उसकी बीमारी ठीक करने की कोशिश की थी। वो मर गई...”

“आँ-आँ-आँ... मरी नहीं। वो तो गॉड द फ़ादर के पास शांति से पहुँच गई। इसी सब बातों को आगे बताने के लिए, आम लोगों को कुछ भी कहकर बहलाने के लिए उन्हें कोई चाहिए, जो यहीं का हो, यहाँ के लोग जिसे जानते हों, जिनकी चर्चा आज के लोग करते हों। उन्हें मदर टेरेसा की ज़रूरत है। वो तो मर चुकी है, उसे संत बनाओ या शैतान कोई फ़र्क़ नहीं पड़ता। फ़र्क़ वैटिकन को पड़ता है, इसीलिए उसे ये संत तो चाहिए ही था। कालांतर में देखना ये किसी अश्वेत आदमी को भी पोप बना देंगे। ये बहुत विशाल एजेंडा है।”

लेमन जूस खत्म करते हुए बुद्ध ने आगे कहा, “हे तात्! इसीलिए मरने के बाद ब्राज़ील से लोग मँगाए जाते हैं ये बोलने के लिए की उनके साथ चमत्कार हो गया। ऐसे चमत्कार तो सड़क किनारे बैठा बंगाली बाबा भी करता रहता है।

लाल कुआँ के पास रहने वाले कितने बाबाओं ने बाँझ महिलाओं को संतान प्राप्ति का चमत्कारिक समाधान दिया है। लेकिन वो तो जेल में डाल दिए जाते हैं।''

''हे तथागत, मुझे तो यक़ीन हो गया है कि टैलेंट की कोई क़द्र नहीं है भारत में,'' आनंद ने कहा तो दोनों हँस पड़े।

''योग से हुए लाभ को नकारने वाले लोग जब ऐसी ख़बर पढ़कर आह्लादित होते हैं तो बहुत अच्छा लगता है। इस साइंटिफ़िक अप्रोच को देखकर बहुत अच्छा लगता है।''

''इतना तो मैंने भी देखा है कि योग से कुछ नहीं होता, लेकिन हाँ योग जब योगा हो जाता है तब जरूर बहुत कुछ होता है। योग से तनाव जाए न जाए, योगा से स्ट्रेस में बहुत लाभ होता है, ऐसा वैज्ञानिकों का मानना है,'' आनंद ने चुटकी लेते हुए गंभीर चेहरा बनाकर कहा।

''परंतु, क्या तुम्हें पता है टेरेसा की मौत कैसे हुई?'' बुद्ध ने पूछा।

''हाँ, उन्हें दिल की बीमारी थी काफ़ी समय से। दो बार हार्ट अटैक भी आया था। लगभग आठ साल पेसमेकर लगवाए रही थीं। और तो और, अंतिम दिनों में एक आर्चबिशप ने उन्हें ईसाई जादू-टोना का सहारा लेने की सलाह भी दी क्योंकि टेरेसा को लगता था कि उनपर शैतान का साया है,'' आनंद ने विकिपीडिया खोलकर कहा।

''बिल्कुल सही! बहुतों को पता नहीं होगा कि लोगों को छूकर टीबी आदि ठीक कर देने वाली संत टेरेसा एक हस्पताल में इलाज कराने गई थीं अंतिम दिनों में। अपना इलाज खुद को छूकर न करने वाली चमत्कारी महिला कितनी निःस्वार्थ रही होगी। इतना निःस्वार्थ तो एक संत ही हो सकता है। है कि नहीं?'' बुद्ध ने कहा और फिर ध्यानमग्न हो गए।

# लोग दूसरों के मोबाइल में कूदना क्यों चाहते हैं?

जब बुद्ध ध्यान लगाकर उठे तो आनंद दाँत निकाले खड़ा था। बुद्ध ने उसे देखा और मन-ही-मन दो बार ख़ुद को कोसा कि किसको इन्टर्नशिप पर रख लिया है! बुद्ध के पिज़्ज़ा खाने का वक़्त हो चला था सो उन्होंने अपना फ़ोन निकाला और किसी ऐप के माध्यम से बुभुक्षा मिटाने हेतु एक मीडियम पिज़्ज़ा ऑर्डर कर दिया।

आनंद उचक-उचककर देख रहा था, "जे है से कि, फ़ैमिली साइज़ ऑर्डर कर देते तो अच्छा रहता... और एक्स्ट्रा चीज़ भी रहता तो मज़ा ही आ जाता..."

"मुद्राएँ तुम दे रहे हो? और ये क्या आचरण बना रखा है दूसरे के फ़ोन में कूदने का? ये कोई तरीक़ा है, फ़ोन बहुत ही निजी वस्तु है। ये मेट्रो के चिरकुट लोगों की तरह मत किया करो।" बुद्ध का मूड ऑफ़ हो गया और उन्होंने फ़ोन चार्जर में लगा दिया।

"हे तथागत! पिज़्ज़ा तो ऑर्डर कर दिया ना? वैसे ये फ़ोन, न्यूज़पेपर, किताबों में कूदने वालों से मैं भी परेशान हूँ। कल ही हमारे एक मित्र 'बकर पुराण' पढ़ते हुए कहीं जा रहे थे तो एक आदमी उनके कंधे से शुरू हुआ और

बाद में उनकी छाती तक किताब में ऐसे घुस गया कि तिरपाठी जी को ख़ुद दिखना बंद हो गया! इसका क्या उपाय है?'' आनंद ने प्रश्न किया।

''तिरपाठी जी ने क्या किया?'' बुद्ध ने पूछा।

''अरे तिरपाठी जी ने शांति से कहा 'भाई बहुत कम बचा है, पढ़ के दे दूँगा। आप पढ़ लेना और किसी दिन मेट्रो में मिलने पर लौटा देना।' फिर आदमी खीं-खीं कर हँसने लगा और कंधे पर से हटा। अब बताइए कि इस बात पर लड़ाई तो नहीं करेगा आदमी!''

''झगड़े से कुछ नहीं मिलता। इनको ज़लील करना ज़्यादा ज़रूरी है। हमारे साथ भी होता है ऐसा। प्रवचन हेतु मेट्रो से गुरुग्राम जाते वक़्त सुबह-सुबह एक मोहतरमा को 'गुड मॉर्निंग' लिख रहा था चैट में तो एक व्यक्ति बहुत ही रुचि के साथ, सौम्य मुस्कान लिए पढ़ रहा था...''

''फिर क्या हुआ?'' आनंद ने बात काटते हुए कहा।

''तात्! तुम ये बात मत काटा करो बीच में। जब मैंने उसकी तरफ़ देखा तो वो मुस्कुराने लगा। मैंने फ़ोन उसको दे दिया और कहा कि वो ही मैसेज लिख दे। वो बेग़ैरत इन्सान फिर खींसे निपोड़कर हें हें हें करने लगा।''

आनंद चुप रहा और, ये जानने के बाद कि बुद्ध और कुछ नहीं बोलेंगे, बोला, ''इसका उपाय क्या है प्रभु? क्या ये चिरकुटई ऐसे ही चलती रहेगी?''

''आदमी की प्रकृति ही क्यूरियस होती है। और मैंने कई बार इसके कारण, पता नहीं क्यों, बिल्लियों के मरने की बातें सुनी हैं। अगर आदमी की क्यूरियोसिटी के कारण बिल्लियाँ मर रही हैं तो ये ग़लत बात है।'' बुद्ध का चेहरा गंभीर हो गया था।

''अरे वो अँग्रेज़ी का मुहावरा है महाराज 'क्युरिओसिटी किल्ड द कैट!' आप टेंशन मत लिया कीजिए इतना।'' आनंद के क्लेरिफिकेशन के बाद बुद्ध के चेहरे पर शांति लौटी।

''आदमी प्राय: एक क्यूरियस जीव होता है। इसका कोई लक्ष्य पूर्ण हो रहा हो या नहीं, फिर भी ये सिर्फ़ जानने के लिए कि 'क्या चल रहा है' ऐसे काम करता है। जबकि उसको अच्छे से पता है कि आजकल फ़ॉग ही चल रहा है। मेट्रो में तो चाहे तुमने फ़ोन में फ़िल्म चला रखा हो और कान में इयरफ़ोन लगा

रखा हो फिर भी दोनों बग़ल के आदमी पूरी फ़िल्म साइलेंट मोड में ही बिना ध्वनि के ही देखते हैं और पागलों की तरह मुस्कुराते हैं। ऐसा लगता है कि टोरेंट से डाउनलोड तुमने मारा, फ़ोन में तुमने डाला, फ़ुल एचडी फ़ोन तुम्हारा, ऑडियो तुम्हारे कान में और ज़्यादा मज़ा बग़ल वाले कर गए! फ़िल्म देखते हुए कूल डूड के जीवन में ये पल बहुत ही दुखदायी होता है।'' बुद्ध फिर से गंभीरता को प्राप्त हो रहे थे।

''कोई तो उपाय होगा भगवन्?'' आनंद ने पूछा।

''उपाय का तो ऐसा है कि कोई उपाय नहीं है। कई बार तो पता भी नहीं चलता कि तुम्हारी मोहतरमा के लिए सप्रेम भेजे फ्रेश गुडमॉर्निंग मैसेज का आनंद मोहतरमा से पहले किसी चिरकुट ने ले लिया! मैसेज की पवित्रता चली जाती है...''

''तात्! बोलचाल की भाषा में वर्जीनिटी भी कहते हैं उसको... हें हें हें!'' आनंद ने दाँत निकालकर कहा।

''रह जाओगे चिरकुट ही! यही सब शब्दावली का प्रयोग करो और दुर्भाग्य ये है कि लोग तुम्हें मेरे शिष्य के तौर पर जानेंगे! ख़ैर, इसका उपाय नहीं है। जब तक लोग मेट्रो में वी-आर सेट लगाए पागल टाइप दिखना नहीं शुरू करते ये आतंकवाद होता रहेगा। तुम्हारे हाथ सिर्फ़ उन लोगों का मज़ाक़ उड़ाना ही है।'' गौतम ने समझाया।

''मैं तो बत्तीस रूपया माँग लेता हूँ।'' आनंद ने कहा।

''बत्तीस रूपया? किस बात का? किस से?''

''दो रूपया तो इस बात का कि उन्होंने मेरे पेपर के दो पन्ने पढ़े और तीस रूपया कंधे पर बैठकर पढ़ने के ताकि कंधे का मसाज कराया जा सके।'' आनंद ने एक्सप्लेन किया।

''परंतु तात्! ये तीस मुद्राओं में मसाज कहाँ होता है? मैं तो हमेशा ही सौ-दो सौ ख़र्च करता हूँ।'' बुद्ध स्टन्ड होकर पूछ बैठे।

''अरे चलिए हमारे साथ। एक जगह है। नथिंग फ़ैन्सी लेकिन मसाज बढ़िया करता है।'' आनंद ने कहा।

उसके बाद दोनों मसाज कराने निकल पड़े।

## सत्य क्या है?

बुद्ध अपने एक अनुयायी, सारिपुत्र के साथ बरिस्ता में बैठे थे। जब तक बुद्ध ऑर्डर देने गए, सारिपुत्र ने उनका आइपैड निकाला और ट्विटर खँगालने लगा। जीएसटी बिल ट्विटर पर ट्रेंड कर रहा था। उसने काफ़ी समय से यह शब्द सुन रखा था। फिर गूगल पर सर्च करने लगा, तब तक तथागत वापस आ गए। उन्होंने आइपैड झोले में रख दिया।

"स्वामी, ये जीएसटी क्या है? अभी एक जगह पढ़ा तो एक अर्थशास्त्री ने कहा है कि आम आदमी के लिए चीज़ें महँगी हो जाएँगी। दूसरी जगह कोई और अर्थशास्त्री ने लिखा है कि सस्ती हो जाएँगी। ये हो क्या रहा है? किसकी बात को सच माना जाय? इकनॉमिक टाइम्स, इंडियन एक्सप्रेस, एनडीटीवी, एचटी सब अलग-अलग बात कह रहे हैं।" सारिपुत्र ने पूछा।

"मत-मतांतर-वैभिन्य के कारण कहा-सुनी स्वीकार मत करो, गूगल को स्वीकार मत करो, अधीरता में यह न मान लो कि यह ऐसा ही है, किसी कथन

को इसीलिए सत्य न मानो कि वह किसी वेबसाइट पर है, किसी ने कहा है, न ही इसलिए की यह गुरु का वाक्य है,'' बुद्ध ने समझाते हुए कहा। तब तक वेटर कॉफ़ी लेकर आ गया था, ''कृपया ये व्हाइट शुगर ले जाइए, मैं सिर्फ ब्राउन लेना पसंद करता हूँ।'' बुद्ध ने आग्रह किया तो वेटर ब्राउन शुगर लाने चला गया।

वेटर के जाते ही सारिपुत्र ने हैरत से कहा, ''तो क्या वो भी न मानूँ जो आप कहते हैं? आप तो स्वयं इतना घूम चुके हैं, हज़ारों लोग आपको मानते हैं। आपको मानने में क्या बुराई है?''

''देखो सारिपुत्र, मैं जो कहता हूँ वो मेरा सत्य है। लेकिन वो तुम्हारे लिए बिना अन्वेषण के न तो परम सत्य है न ही झूठ। सच और झूठ व्यक्ति-विशेष के दृष्टिकोण भर हैं। सबको पता है कि सूरज कभी डूबता नहीं, चाँद का कोई भी डार्क साइड नहीं होता लेकिन रटते यही हैं कि सन राइजेज़ इन द इस्ट और सुनते हैं डार्क ऑफ द मून।

''तथागत ये दावा अगर करें भी कि मुझे सब पता है तो वो बकवास माना जाना चाहिए। ये दावा तुमसे कोई भी करे तो ये मान लीजिए कि वो सफ़ेद झूठ बोल रहा है। ये संभव नहीं कि तथागत सब बातें जान लें। आप खुद को जान लें, और खुद को संतुष्ट कर सकें वही समाज के लिए बहुत है।'' तथागत ने कॉफ़ी का सिप लेते हुए सारिपुत्र को पीने का इशारा किया।

भावविभोर होकर बुद्ध से सारिपुत्र ने कहा, ''हे प्रभु! मेरा विश्वास है कि आपसे बुद्धिमान महात्मा न हुआ है, न है, न होगा।''

बुद्ध ने उत्तर में कहा, ''निस्सन्देह सारिपुत्र, तो तुमने इसके पूर्व के समस्त बुद्धों को जान लिया होगा।''

''नहीं, स्वामी,'' सारिपुत्र ने कहा, तो बुद्ध ने फिर पूछा, ''तब क्या भविष्य के बुद्धों को जानते हो?''

''नहीं, महाराज!'' सारिपुत्र ने फिर अपनी अनभिज्ञता दिखाई तो बुद्ध ने पुनः पूछा, ''तब कम से कम मुझे जानते हो और मेरे मन को संपूर्णतया परख चुके हो?''

सारिपुत्र ने पुनः कहा, ''वह भी नहीं स्वामी!''

फिर बुद्ध ने उन्हें देखते हुए पूछा, "तब सारिपुत्र, तुम्हारा कथन इतना पुष्पित और साहसपूर्ण क्यों है?"

सारिपुत्र को समझ में आ चुका था कि उसकी ग़लती क्या थी। वह कॉफ़ी पीने लगा। लेकिन बुद्ध रुके नहीं, बोलते रहे:

"किसी भी साधु, नेता, सेलिब्रिटी, लेखक, आलोचक... कोई भी हो, कितनी भी तार्किक बात क्यों न करे, ये मानकर मत मान लो कि उसने कहा है तो सही होगा। ग्रंथ में लिखा है तो सही होगा। ये किताब आकाश से उतरी है तो सही होगी। ये जीसस हमारे लिए क्रॉस पर चढ़ गया इसीलिए सही होगा।

ये सारे सत्य, ये सारी बातें एक काल में, एक पात्र के लिए, एक समाज के लिए सही थीं परंतु ये आज भी सही हों ज़रूरी नहीं। तुम्हें किसी ज़ाकिर नायक के इंटरप्रेटेशन का इंतज़ार नहीं करना चाहिए। तुम किसी तोगड़िया ब्रांड की किताब मत पढ़ने लग जाओ। किसी भी किताब का, किसी भी शायर की शायरी का, किसी भी कविता का अर्थ तुम्हारा अपना होता है। भगवान और भक्त के बीच दलालों को मत लाओ। तुम अपने बुद्ध को स्वयं तलाशो सारिपुत्र! तुम्हारे सत्य की यात्रा तुम्हारी और सिर्फ़ तुम्हारी ही है।"

सारिपुत्र ने तब पूछा, "तो क्या आपका जीवन, आपकी बातें सब मानने लायक़ नहीं? क्या महापुरुषों का अनुकरण ज़रूरी नहीं है क्योंकि 'महाजनो येन गतः स पंथाः' कहा गया है?"

"महापुरुष अनुकरणीय होते हैं लेकिन अंधानुकरण मत करो। कोई महापुरुष क्यों है, उसने ऐसा क्या किया ये सुनिश्चित करना बहुत ज़रूरी है इससे पहले कि तुम बाल मुँडवा कर उसके पीछे हो लो। ये जो ट्रॉल होते हैं ना, वो 'महाजनो येन गतः स पंथाः' वाले नहीं हैं। उनको न तो अपने महापुरुष का सत्य मालूम है, न स्वयं अपना। वे अंधे हैं। उनके दोनों नेत्रों के साथ साथ, उनके ज्ञान चक्षु भी बंद पड़े हैं," बुद्ध लगातार बोल रहे थे। उनकी कॉफ़ी ठंढी हो रही थी।

चूँकि मेरे इतने फ़ॉलोवर्स हैं ट्विटर पर इसका क़तई यह मतलब नहीं कि मैं जो भी ट्वीट करूँ तुम उसे रीट्वीट कर दो। या फिर ये कि बुद्ध को सबसे बड़ा बनाना है तो सैकड़ों अनुयायियों के साथ एक ही ट्वीट, एक ही समय पर,

एक ही मैटर के साथ ट्वीट करने लगो। पहले सुनिश्चित करो कि मैं जो कहता हूँ वो तुम्हारे जीवन की कसौटी पर सही उतरेगी, फिर फ़ॉलो करो, ट्वीट करो, रीट्वीट करो...'' बुद्ध ने सहृदयता से कहा।

''लाइक तो किया जा ही सकता है, वैसे आपने बायो में लिखा है कि रीट्वीट्स आर नॉट इंडोर्समेंट्स। लाइक के बारे में ऐसी कोई बात नहीं लिखी है,'' सारिपुत्र ने झोले से बुद्ध का आइपैड निकालकर दिखाते हुए कहा।

''वो सब तो ठीक है लेकिन तुम्हें मेरा पासवर्ड कैसे मालूम?''

''वो दो तीन बार अनलॉक करते देखा था...'' सारिपुत्र ने कहा।